아흔에 바라본 삶

THE VIEW FROM NINETY
Reflections on How to Live a Long, Contented Life

Copyright © 2025 by The Estate of Charles Handy
All rights reserved.

First published as THE VIEW FROM NINETY: Reflections on How to Live a Long,
Contented Life by Hutchinson Heinemann, an imprint of Cornerstone.
Cornerstone is part of the Penguin Random House group of companies.

Korean translation copyright © 2025 by Influential, Inc.
Korean edition is published by arrangement with Random House UK Limited
through EYA(Eric Yang Agency).

이 책의 한국어판 저작권은 EYA(Eric Yang Agency)를 통해
저작권자와 독점 계약한 ㈜인플루엔셜에 있습니다.
저작권법에 의해 국내에서 보호를 받는 저작물이므로 무단 전재와 복제를 금합니다.

The View from Ninety

아흔에
바라본 삶

**시대의 지성 찰스 핸디가 말하는
후회 없는 삶에 대하여**

찰스 핸디 지음 | **정미화** 옮김

INFLUENTIAL
인 플 루 엔 셜

내게 큰 기대를 품었지만

그게 무엇인지는 설명해준 적 없는

아내 리즈에게

이 책을 향한 찬사

지구에서 가장 다정한 현자 찰스 핸디의 유작을 감사한 마음으로 읽는다. 다국적 기업에서 임원으로 일했던 이 경영사상가의 가르침은 일과 생활, 젊음과 늙음 사이의 어긋난 균형을 맞추고, 생활인으로서 우리의 자세를 반듯하게 교정해준다. 예컨대 가족, 친구, 음식 이 세 가지만 유지되면 삶은 어떻게든 계속되고, 때론 잘못 탄 기차가 우리를 목적지로 데려다준다는 통찰들이 마음을 울린다. 읽다 보면 피터 드러커가 왜 그를 "천재적인 통찰력을 현실에 구현한 사람"이라고 했는지 알게 된다.

무엇보다 핸디 선생이 모차르트의 음악을 들으면서 세상의 혼란을 지켜보며 쓴 이 유작은 노년의 즐거움으로 가득 차 있다. 인생의 끝이 이렇게 좋을 수 있다니, 읽는 것만으로 신이 나서 "어서 빨리 나이 들고 싶다"라고, 고속노화를 희망하게 되었다. 《아흔에 바라본 삶》처럼 나 또한 때마다 닥친 '행운'을 새록새록 '회계'하며, 삶이 결국 '남는 장사'였다는 걸 고백하고 싶어졌다.

— 김지수(문화전문기자, 《이어령의 마지막 수업》 저자)

보석 같은 책이다. 최고의 경영 사상가인 찰스 핸디의 지혜가 오롯이 담겨 있다. 아흔 무렵에 쓴 마지막 글답게 깊은 혜안이 넘쳐난다. "세상이 바뀌려면 젊은 사람들이 변화를 이끌고 나이 든 사람들은 그 변화를 수용해야 한다." 잘 살아온 노년에 할 법한 말이다. 또한 그는 "잘못 탄 기차가 때론 올바른 목적지로 데려다준다"라며, 젊은 세대에게 두려워 말고 자기 길을 가라고 응원한다. 더 나아가 노년은 자신과 벗이 되는 아름다운 시기임을 자신의 인생으로 생생하게 증명해주고 있다. 현실의 무게와 불안한 미래, 뜻대로 풀리지 않는 일상이 버거운 모든 이에게 이 책을 적극 권한다.

— 안광복(중동고 철학교사, 《오십이 철학을 마주할 때》 저자)

찰스 핸디의 열아홉 번째이자 마지막 책인 이 책에는 지혜와 재치 그리고 감사가 담겨 있다. 그리 두껍지 않지만, 어떤 면에서 오히려 가장 '무게감 있는' 책일지도 모른다. 이 마지막 지혜의 숨결은 그의 빛나는 통찰과 아이디어를 그대로 드러낸다.

— 《파이낸셜타임스》

찰스 핸디의 삶 자체가 우리에게 큰 가르침을 준다. 인생과 일, 타인, 노년에 대한 성찰을 담은 이 책은 특히 비즈니스 리더에게 유익하다. 책을 펼치는 곳곳에서 날카로운 통찰이 빛난다.

— 사이먼 코울킨(경제 저널리스트)

들어가며

  어느 날 아침, 눈을 떠보니 비가 내리는 중에 간간이 햇살이 비치고 있었다. 겉보기엔 별다를 게 없는 하루였다. 그러나 내겐 달랐다. 왜냐하면 나는 이미 죽었어야 했기 때문이다. 몇 해 전 내가 뇌졸중에서 거의 회복했을 때 병원에서는 앞으로 2개월 안에 재발할 가능성이 매우 크고, 그때는 생명이 위태로울 수 있다고 했다. 그 뒤로 매일 아침 잠에서 깨어나 눈을 뜨고 아직 살아 있음을 깨닫는 것은 내게 대단히 놀라운 일이 되었고, 나는 매번 '아직 때가 되지 않았네' 하며 안도했다.

  통계적으로는 이미 죽은 사람이었다. 이 책을 읽고 있는 여러분 중 많은 이가 나와 같은 일을 겪게 될지 모른다. 최소한 일부는 내 모습처럼 늦게 될 것이다. 나는 이제 아흔 살이 넘었고 뇌졸중 후유증으로 몸을 움직이는 게 좀 불편하지만, 그 외에는 여전히 넘치는 의욕으로 삶을 즐기고 있다. 너무 지나치지 않나 싶을 정도다.

성경에 나온 것처럼 나는 '죽음의 골짜기'를 거닐며 내 삶을 곰곰이 되돌아보고 깊이 생각할 시간을 충분히 가졌다. 전체적으로 봤을 때 충분히 만족스러운 삶이었다. 할 수 있었으나 하지 않은 일들이 있기는 하지만, 반대로 하지 말았어야 했던 일들은 별로 없었다. 그 일들에 대해서는 관련된 사람들에게 사과했다. 그리고 그동안 내가 저지른 실수에 대해 스스로를 용서했다.

내 일, 즉 책을 쓰는 일은 어느 정도 성공을 거뒀다. 하지만 내게 가장 자랑스러운 건 가족, 특히 아들과 딸이다. 두 아이는 부모의 지원을 많이 받지 못했음에도 예의 바르고 괜찮은 사람으로 성장했다. 다정하고, 재미있고, 같이 있으면 즐겁고, 자기 일도 잘하고, 나를 새로 얻은 자식인 양 돌보는 능력도 대단하다. 나는 두 아이가 정말 자랑스럽고 고맙다. 이것이 내 인생에서 가장 큰 성공이라고 생각한다. 비록 내가 한 일은 거의 없지만 말이다.

가장이 되어 모든 것의 중심을 잡아준 사람은 먼저 세상을 떠난 아내였다. 아내는 네 번의 이사를 거치는 동안 늘 따뜻한 보금자리를 만들어냈고, 내 삶을 질서 있게 정돈해주었다. 아이들이 허락했다면 그들의 삶도 돌봐주고 싶었을 것이다.

어쨌든 이 정도면 충분하다. 아주 즐거웠고, 어떤 면에서는 너무 잘 살았던 삶이다. 그리고 이제, 삶의 끝자락에 몇 달의 시간이 더 주어졌다는 사실이 얼마나 다행인지 모르겠다. 죽음의 골짜기를 거닐며 이제는 더 이상 존재할 수 없는 과거의 기억들과 잠시 함께 머물 수 있으니 말이다.

통계적으로 볼 때, 시간이 지날수록 노인 인구는 점점 늘어날 것 같다. 과연 그것이 사회에 좋은 일일지, 나쁜 일일지 궁금하다. 좋은 쪽으로 생각하고 싶지만 노인이 된 지금 생각해보니 확신이 서지 않는다. 나는 여전히 성미가 괴팍한데, 이제는 나이를 무기 삼아 내 의견의 권위를 주장한다. 내 나이를, 내 생각과 맞지 않는 견해의 증거를 무시하는 권리로 여기는 것이다.

다음 세기는 어떤 모습일까? 나처럼 심술궂은 노인들로 가득할까, 아니면 나보다 조용하고 평온한 사람들이 살고 있을까? 독서 모임이 많아질까, 아니면 광란의 파티가 많아질까? 네덜란드 사람들처럼 꼿꼿한 자세로 천천히 자전거를 타고 다니는 할머니가 많아질까, 아니면 웅크린 채 빠르게 자전거를 타는 할머니가 많아질까?

요즘에도 아이디어는 많지만, 그것을 실행할 체력이 없다. 그래서 그 생각들은 머릿속에 미완인 채 남아 있다. 세상이 바뀌려면 젊은 사람들이 변화를 이끌고, 나이 든 사람들은 그 변화를 수용해야 한다. 나 자신이 요즘보다 더 관대한 사람이 되길 바란다. 그래서 내가 가장 아끼는 아일랜드식 축복을 당신에게 전해주려고 한다.

> 인생의 여정이 당신을 어디로 데려가든
> 그 길이 언제나 당신의 발걸음에 맞춰 이어지기를
> 바람이 항상 당신의 등 뒤에서 불어오기를
> 햇살이 당신의 얼굴을 따뜻하게 비춰주고
> 비가 당신의 들판을 포근하게 적셔주기를
> 그리고 언젠가 어떤 모습으로든

우리가 다시 만날 때까지
신이 그의 손바닥 안에 당신을 품어 지켜주기를

인생을 즐기자. 너무 늦게까지 미루지 말자.

차례

들어가며　9

1장 내 삶을 단단하게 만드는 것
— 나와 태도에 관하여

잘못 탄 기차가 때론 목적지로 데려다준다	23
모든 것을 다 이해하고 설명할 필요는 없다	27
내 가장 좋은 친구는 나 자신이다	31
내가 틀릴 수도 있다는 것에 대하여	35
그저 눈을 감아버리는 순간을 경계하자	40
언제나 진실을 말해야 삶이 편해진다	45
내가 모르는 나의 단점은 위험하다	50
진정한 소통은 우선 귀 기울여 듣는 것부터	53
확신하는 것과 사실을 비워내는 기술	58
제대로 준비했다면 운은 주어진다	65

오만함은 인생의 치명적인 재앙이다	68
당신에게 성공한 삶은 어떤 모습인가	73
바꿀 수 없는 것과 바꿀 수 있는 것	77
세상에서 가장 위대한 그림	83

2장 함께 살아간다는 것
— **타인과 세상에 관하여**

이탈리아인에게 중요한 세 가지	91
젊은 여성들은 어떻게 세상을 바꾸는가	94
당신에게도 꼭 맞는 친구가 있기를	100
나와 타인에게 주의를 기울인다는 것	107
내가 얻는 것만큼 상대방도 얻는 관계	112

정체성과 고정관념을 넘어 제대로 바라보기	117
프라이버시의 경계를 조금 더 허문다면	121
의미 있는 크리스마스를 보내는 특별한 방법	125

3장 일의 의미를 돌아보는 것
— **일과 기술에 관하여**

벗어날 수 있는 자유와 할 수 있는 자유	131
일의 대가를 결정하는 합리적인 기준	137
일의 미래, 단독 근무의 즐거움	141
장인에게 배운 완벽한 근무법	146
나의 시간을 되찾는 청킹 방식을 실현하라	149
리더에게 필요한 덕목, 친절과 권위 사이	152

세상을 바꾸는 힘의 방향은 나에게 달려 있다 158

실수를 허락하는 조직의 힘 162

스스로 결정할 자유를 가로채지 않게 하라 166

내가 꿈꾸는 이상적인 일터 171

'더 크게'보다 '더 좋게' 하는 데 집중하라 177

나의 새로운 비즈니스 아이디어 181

4장 지나온 시간이 가르쳐준 것
— **삶과 지혜에 관하여**

다르게 부르면 다르게 보인다 189

공감의 시대를 꿈꾸며 193

소유의 함정과 역설 197

인격과 성격은 엄연히 다른 것이다	202
내가 잘하는 것을 가르치는 기쁨	205
어제의 경험이 내일의 해답이 되지는 않는다	208
이분법의 함정을 피하라	212
차이와 다름이 더 나은 결정을 만든다	216
행복의 세 가지 조건에 관하여	221
내가 완벽하다는 착각을 버려라	223
공정함의 진정한 의미는 무엇인가	227
의식이 우리 삶에 필요한 이유	230
감사하는 마음을 제대로 전하는 법	232
신을 그린 소녀와 배움의 본질에 관하여	235

5장 피할 수 없는 시간을 준비하는 것
― 인생과 죽음에 관하여

나는 나의 노년을 축하한다	243
신에게 보내는 마지막 편지	249
또 다른 나의 삶을 상상하며	255
마음속 깊은 곳에서 들려오는 시의 울림	258
부서진 자리에서 더 강해진다는 것	261
묘비에 남겨야 할 마지막 한 문장	267
태초에 만물의 자연적 질서가 있었다	271
피할 수 없는 죽음의 순간을 준비하며	276

감사의 말 281
이 책에 관한 참고사항 282

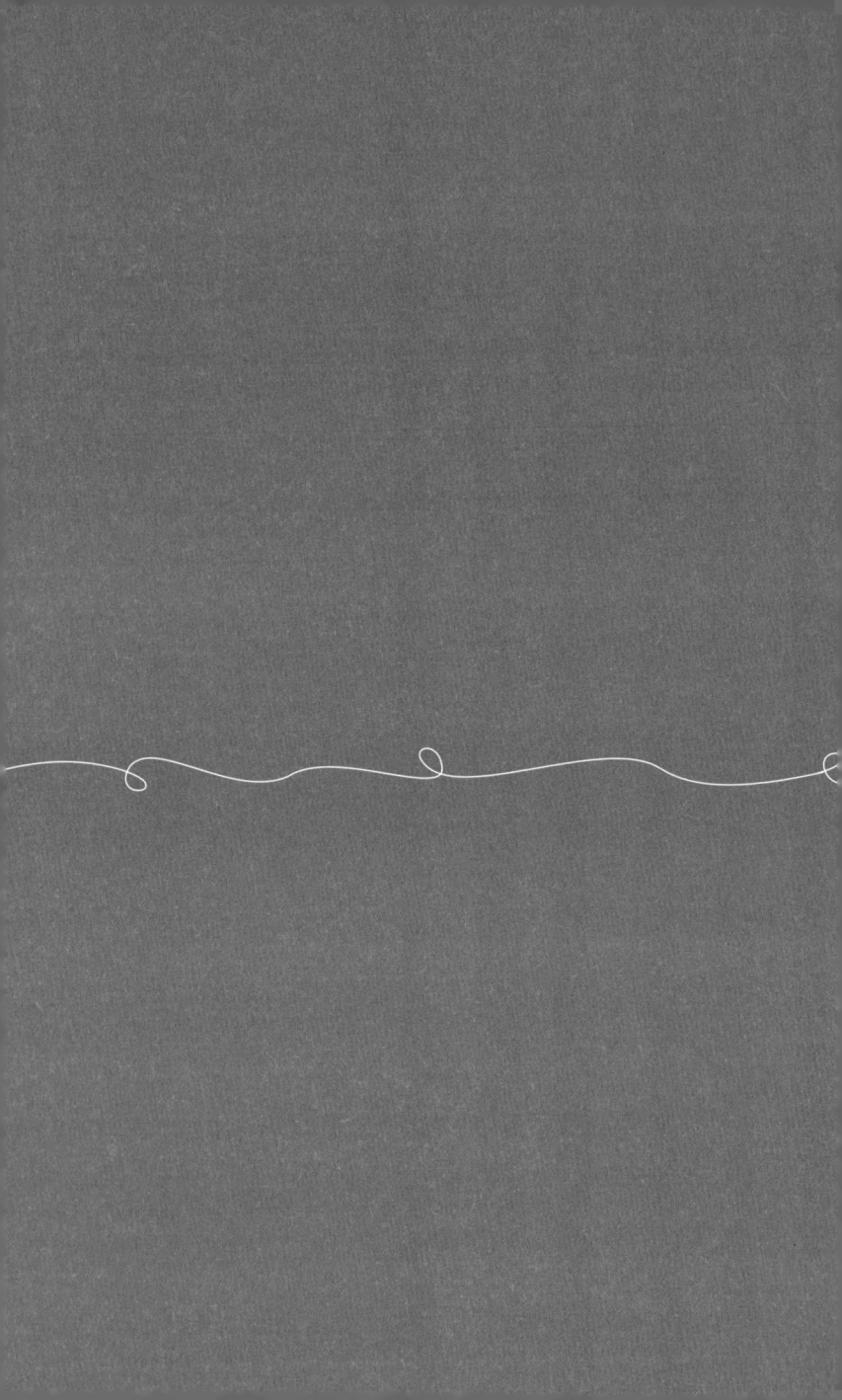

1장

내 삶을 단단하게 만드는 것

― 나와 태도에 관하여

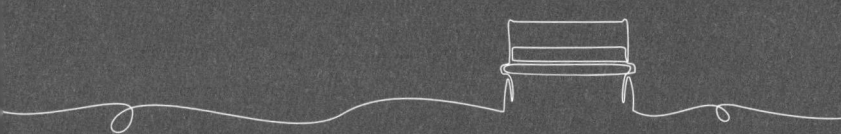

아내가 내게 해준 가장 큰 찬사는 바로 이 말이다. "당신은 내 가장 친한 친구야." 정말 대단한 명예이자 진정한 성공이었다. 아내는 아주 행복하게 사랑을 주고받는 삶을 살았다. 나는 이보다 더 성공적인 삶을 상상할 수 없다. 세상에 있는 돈을 모두 합친 것보다 더 가치 있는 삶이다.

잘못 탄 기차가 때론 목적지로 데려다준다

인도에 있는 친구 라지에게 이메일이 왔다.

"찰스, 뭄바이에 새로운 격언이 생겼네. 자네가 좋아할 것 같아 소개하네. '잘못 탄 기차가 때론 올바른 목적지로 데려다준다.'"

그는 뭄바이의 혼란스러운 철도 시스템을 이야기하는 게 아니었다. 삶과 운명에 대해 말하고 있었다. 그리고 나는 내 지난 삶을 통해 그 격언이 무슨 의미인지 정확히 알고 있었다.

대학을 졸업한 뒤 나는 오랜 기간 안정적으로 근무할 수 있는 좋은 직장을 구해서 가족을 부양할 만큼의 돈을 벌겠다고 결심하고 다국적 석유회사 셸Shell에 지원했다. 부모님은 내 결정을 그리 달가워하지 않으셨지만 아무 말씀도 없었다. 첫 부임지인 싱가포르로 떠나는 날, 어머니는 나를 공항까지 데려다주셨다. 내 모습이 처량하고 조금은 불안해 보였는지 내가 차에서 내리자 창문을 내리시더니 이렇게 말씀하셨다.

"걱정하지 마라, 얘야. 이 모든 경험이 네 책의 훌륭한 소재가 될 거야."

"책이요?"

나는 반문했다.

"저는 석유회사의 임원이 되어 부자가 될 거예요."

"그러렴, 얘야."

어머니는 다정하지만 마뜩잖은 어조로 말했다.

그렇게 나는 싱가포르로 떠났다. 거기서 회사는 나를 보르네오섬으로 발령 냈고, 나는 정글과 강으로 둘러싸인 사라왁 소재의 마케팅 조직을 운영하게 되었다.

관리자로서 그다지 유능하지 못했던 나는 경영 관련 서적을 한 무더기 샀다. 모두 미국 책들이었고, 자리에 앉아 그 책들을 차근차근 읽기 시작했다. 하지만 곧 그 책들이 얼마나 형편없이 쓰였는지, 또 얼마나 지루한지에 경악했다. 그러다가 문득 내가 훨씬 더 잘 쓸 수 있을 것 같다는 생각이 들었다.

나는 그 서적들에 소개된 일부 이론을 발췌해 섞어보고, 내가 좋다고 생각하는 영어 문장으로 바꿔 다시 적었다(짧고 경쾌한 문장으로 명성 높은 헤밍웨이를 본보기로 삼았는데, 적고 보니 나 스스로 꽤 괜찮은 작가라는 생각이 들었다). 그리고 보르네오섬에서 겪은 나의 색다른 경험을 예로 들어 설명했다. 대부분 참담한 실패담이었지만, 나는 독자들에게 이렇게 말했다.

'사람은 실수를 통해서만 배울 수 있습니다. 그리고 자신의 실수보다 남의 실수에서 배우는 편이 훨씬 낫지요. 그러니 여기에 제 실수를 소개합니다…'

그 책은 놀랍게도 큰 성공을 거뒀다. 출간된 지 한 달 만에 1만 부가 팔렸고, 그해 말까지 전 세계적으로 100만 부를 돌파했다. 이후 여러 출판사에서 새 책을 써달라는 제안이 쏟아졌고, 그렇게 나는 작가가 되었다. 또한 전 세계를 돌아다니며 수많은 경영자에게 책에 담긴 아이디어를 주제로 강연을 했고, 그 대가로 꽤 많은 돈을 벌었다.

결국 나는 내가 좋아하는 일, 즉 글을 쓰고 이야기를 들려주면서 그 대가로 돈을 받는 삶을 살게 되었다. 나는 이전의 기억들을 떠올리며 인도에 있는 친구에게 답장을 썼다.

'내가 탄 기차가 나를 석유회사 셸에 데려다줬으면 했는데, 그 기차는 나를 펭귄 출판사, BBC 방송국, 수브니르 출판사에 데려갔어. 그리고 그곳에서 나는 좋아하는 일을 꽤 잘 해내는 삶을 살게 되었지. 뭄바이의 새로운 격언 아주 고맙네. 내 손주들에게도 알려주겠네.'

그래서 이제 나는 손주들에게 이렇게 말한다.

"가정을 꾸리고 집을 사기 전인 20대에는 여러 가지를 시도해봐라. 그때까지는 실패해도 괜찮다. 그 실수들로부터 많은 것을 배우게 될 테니. 그리고 네 눈에 흥미로워 보이는 기차가 있다면, 그저 올라타서 어디로 데려가는지 지켜봐라."

모든 것을 다 이해하고
설명할 필요는 없다

 어렸을 때 어머니께 성경의 기묘하고 환상적인 이야기들에 대해 물어본 적이 있다. 어머니는 이렇게 대답하셨다.
 "그냥 믿으렴. 이유는 필요 없단다."
 "저는 필요해요."
 나는 고집을 부렸다.
 "근거가 있어야 해요. 이런 일들이 어떻게 일어날 수 있는지에 대한 논리적인 이유가 필요하다고요. 어머니는 제게 점심시간 전에 다섯 가지나 되는 불가능한 일을 믿으라고 하고는 아무런 사실도, 이유도 말해주지 않으셨어요. 저는 그렇게는 못 믿어요."

어머니는 안타깝다는 듯이 고개를 저으셨다.

시간이 지나면서 나는 사실과 이유를 찾는 일을 잠시 내려놓는 법을 배웠다. 어째서 굳이 모든 걸 따지고 분석해야 하는가? 대체 왜 저녁 찬송가, 성경 구절과 기도문, 대성당의 아름다운 건축, 모차르트나 다른 작곡가의 음악이 그저 스며들게 내버려두지 않는 걸까? 설명하려 들지 말고 그저 받아들이면 된다.

요즘 나는 사람들이 스스로 설명하거나 정당화할 수 없는 믿음을 굳이 버리게 만들려 하지 않는다. 이제는 그런 행동이 지독히 무례한 일이라는 것을 안다. 사람은 누구나 자신이 믿고 싶은 것을 믿을 권리가 있다. 나는 손주들이 뒷마당의 나뭇가지 위에서 꼬마 요정들이 깡충깡충 뛰어놀고 있다고 말해도 꼬투리를 잡거나 부정하지 않는다. 마법에는 마법만의 자리가 있으니 말이다.

예술가, 시인, 어린아이는 세상을 다른 방식으로 바라본다. 나는 많은 기업가 역시 비슷한 능력을 지니고 있다고 생각한다. 그들은 새롭게 고안된 제품이나 서비스의 가치를 믿을 줄 안다. 비록 그것이 왜 성공할 것인지 정확히 설명하지는 못하더라도 말이다. 예를 들어 스펜서 실버Spencer

Silver 박사를 생각해보자. 그가 없었다면 오늘날 우리에게 포스트잇은 존재하지 않았을 것이다.

미국의 다국적 기업 3M에서 근무하던 과학자 스펜서 실버는 원래 매우 강력한 접착제를 개발하려고 했다. 그러던 중 우연히 오히려 약하게 달라붙어 재사용이 가능한 감압 접착제를 만들었다. 그는 자신의 발명품이 어떤 식으로든 실용적으로 쓰일 수 있을 것이라 믿었지만, 정확히 무엇에 쓰일지는 알지 못했다.

그러던 어느 날, 한 동료가 흥미로운 아이디어를 떠올렸다. 찬송가집에 끼워둔 책갈피가 떨어지지 않도록 고정하는 데 이 접착제를 써본 것이다. 그들은 곧 '잘 붙지만 너무 세게 붙지는 않는 종이'를 만들어냈다. 하지만 3M 경영진에게 이 종이의 용도는 전혀 매력적으로 보이지 않았다.

"사람들이 이걸 어디에 사용합니까? 마케팅은 어떻게 할 건가요?"

질문이 쏟아졌다. 그러나 마침내 그들이 노란색 포스트잇을 처음 세상에 내놓았을 때, 모두가 직관적으로 그 쓰임새를 알아차렸다. 하지만 얼마나 유용한지는 정확히 설명하기 어려웠다. 사람들은 직접 써보고 나서야 그 용도를 실감할 수 있었다.

만일 조직 안에서 새로운 것을 상상하고 꿈꾸는 사람들을 본다면, 그들을 그냥 내버려두라. 너무 캐묻지 말고 그들이 내놓는 것을 즐기며 받아들여라.

요리사에게 맛있는 생선 수프의 정확한 조리 과정을 묻는 것이 늘 예의인 건 아니다. 그저 맛보고 즐기면 그만일 때도 있다. 때로는 너무 많이 아는 것이 오히려 일을 망칠 수 있다.

이제 자신만의 또 다른 능력, 즉 상상력을 키우자. 그것을 마음속에만 간직하지 말고 영화든 책이든 제품이든 무언가를 창조하는 데 써라. 남들에게 설명할 필요도, 스스로 이해하려고 애쓸 필요도 없다. 그리고 믿자. 나는 해낼 수 있다는 것을.

내 가장 좋은 친구는
나 자신이다

영국에서 진정한 성공의 척도는 BBC 라디오 〈무인도에서 살아남기Desert Island Discs〉에 게스트로 초대받는 것이다. 무인도에 홀로 남겨졌을 때 들을 음악을 골라 이야기를 나누는 이 프로그램의 콘셉트를 생각해보면, 다소 독특한 양상의 성공이라 할 수 있다.

영국에서는 그런 일이 한 번도 없었지만, 호주에서는 이와 비슷한 프로그램에 초대된 적이 있다. 영국인(아니, 정확히 말하자면 내 경우엔 아일랜드인)이 본국이 아닌 호주에서 성공했다고 해서 나쁠 건 전혀 없다. 다만 마지막으로 멜버른에 갔을 때 아무도 나를 알아보지 못하는 것 같아 왠지 묘한 기분이 들었다.

그러니까 내가 하려는 말은, 만약 외로움을 느끼고 싶다면 낯선 나라의 저녁 TV 뉴스를 틀어보라는 것이다. 화면 속 낯선 사람들이 무엇을 하고 있는 건지, 왜 그런 일에 대해 걱정하는지 도무지 이해할 수 없을 것이다. 그러다 보면 문득 소외감을 느끼고, 런던의 빅벤이나 영국 총리의 얼굴이라도 보면서 '삶이 내가 알던 대로 원만하게 계속 돌아가고 있구나' 하는 안도감을 느끼고 싶을 것이다.

다행히도 나는 혼자 있는 것을 상당히 좋아한다. 많은 사람이 스스로에게 던지는 질문들을 혼자서 차분하게 생각해볼 기회가 생겨서 오히려 즐거울 따름이다.

'우리는 왜 사는 걸까?'

'죽음은 걱정해야 하는 걸까?'

'신은 존재할까?'

아내는 이렇게 사색을 즐기는 나를 이해하지 못했다.

"인생에 대해 말만 하지 말고 제대로 살아보는 게 어때요? 우리 가족을 위해 요리라도 좀 해봐요."

사실 요리는 우리 부부 모두의 관심사였다. 다양한 사진이 가득한 요리책은 우리에게 일종의 '점잖은 포르노', 다시 말해 은근한 향락 같은 것이었다. 책에 나오는 여러 요리를 실제로 해보지 않더라도 함께 책장을 넘기며 상상해보는 일은 즐거웠다. 그리고 둘 사이에 대화가 끊기면 보르도 와인과 부르고뉴 와인의 치이에 대해 신도 있는 이야기를 나누거나 우리끼리 소박한 시음회를 열기도 했다. 꽤 흥미롭고 배울 점도 많은 시간이었다. 어쩌면 그 순간들 자체가 우리만의 사색이었는지도 모른다.

뇌졸중을 겪고 장애를 갖게 된 지금, 사실상 나는 집에 갇힌 죄수 신세다. 하지만 잘 참아내고 있다. 아니, 단순히 참는 게 아니라 즐기고 있다. 앞서 말했듯이 나 자신에게 가장 좋은 친구는 나다. 인생의 부조리함에 대해 함께 토로할 사람, 다른 사람에 대해 불평할 사람, 아이디어를 시험해볼 사람이 항상 곁에 있는 셈이다. 심지어 그들은 내 편이다.

하지만 사실 내 가장 좋은 친구가 언제나 내 말에 동의하는 건 아니다. 그래서 대화가 더 흥미롭다. 어느 때는 그가 나보다 더 재미있는 사람처럼 느껴져서 그가 되고 싶다는 생각이 들기도 한다.

아마 그래서 나는 게으름을 사랑하는지도 모른다. 세상

의 문제를 함께 풀어가며, 조용히 와인 한잔을 기울일 수 있는 나만의 친구와 숨어 지내기 위한 또 하나의 핑계에 불과하지만 말이다.

내가 틀릴 수도 있다는
것에 대하여

1650년 8월, 잉글랜드·스코틀랜드·아일랜드 연방의 호국경 올리버 크롬웰Oliver Cromwell은 스코틀랜드 교회의 완고한 장로들에게 다음과 같이 편지를 썼다.

'그리스도의 마음을 담아 간청하니, 여러분이 틀렸을 수도 있다는 가능성을 생각해보시기 바랍니다.'

좀 더 가까운 시대의 이야기를 해보자. 내가 한때 재직했던 대학교에서 있었던 일이다. 당시 나를 포함한 우리 교수들은 학교로부터 어떤 한 사람(편의상 앞으로 '해리스'라고 부르겠다)이 교수진에 합류하는 것을 승인해달라는 요청을 받았다. 해리스는 자신의 분야에서 정평이 난 전문가였고, 전 세계적으로 존경받는 인물이었다. 하지만 실제로 만나보면 그는 마치 걸어다니는 백과사전인 것처럼 스스로 모든 것을 안다고 믿는 사람이었다. 심지어 내 전공 분야인 '일의 미래'에 대해 내게 강의하려 들었고, 내 아내에게는 출산의 고통을 견디는 법까지 가르치려 했다. 당연히 아내는 전혀 웃지 않았다.

해리스는 기질적으로 의심이 없는 사람이었다. 내 생각에는 그것이 문제였다. 제대로 된 교수가 되려면 온당한 의심이 반드시 필요하다. 그 의심이 모든 학문의 토대가 된다. 지금 존재하는 지식의 상태를 의심하고, 그것을 발전시키려고 노력하는 태도에서 학문은 시작된다.

모든 교사에게 요구되는 가장 근본적인 덕목 역시 합리적인 의심을 드러내는 것이다. 즉, 자기 생각이 언제나 옳다고 믿지 않고, 학생들이 제기하는 반론조차 열린 자세로 응해야 한다.

올리버 크롬웰이 스코틀랜드 교회의 장로들에게 상기시키려 했듯이, 온당한 의심은 종교의 근간이기도 하다. 의심이 전혀 없다면 믿음 또한 필요하지 않기 때문이다. 또한 온당한 의심은 일상적인 인간관계의 핵심이다. 때로는 의견이 다를 수 있다는 것을 인정하지 않는 사람과는 제대로 된 대화를 나눌 수 없다.

또한 온당한 의심을 품지 않는 사람과 함께 사는 것은 상당히 어려울 수 있다. 너무나도 그리운 내 아내 역시 좀처럼 의심을 인정하지 않는 사람이었다. 아내는 언제나 자신의 직감을 믿었다.

"나는 직감적으로 생각해요. 그리고 내 직감은 항상 맞아요."

우리 사이에는 종종 논쟁이 있었다. 나는 끊임없이 글을 쓰며 논리적으로 추론하는 법을 훈련해왔으므로 처음엔 아내를 쉽게 설득할 수 있을 거라 생각했다. 하지만 결과는 달랐다.

내 입장에서는 안타까운 일이 아닐 수 없는데, 아내는 옳은 말만 하는 보기 드문 사람이었던 반면 나는 대체로 틀린 말을 하는 사람이었다.

아내와 이야기할 때면 나는 종종 내 논리력을 의심해야 했다. 그래서 결국 나는 이렇게 결심했다.

'내가 할 일은 아내가 왜 옳고 나는 왜 틀렸는지 알아내는 거야. 그러면 우리 둘 다 그 결정에 참여하는 셈이니까.'

결국 나는 아내가 온당한 의심의 법칙에서 예외적인 존재라는 사실을 인정하게 되었다. 하지만 내 인생의 다른 영역들과 가르치는 일에 있어서는 의심이 매우 중요한 요소로 작용했다. 교수 시절 나는 경영학과 학생들에게 좋은 경영의 본질은 결국 '상식$_{common\ sense}$'이라고 끊임없이 말하곤 했다. 하지만 문제는 상식이라는 것이 실제로는 그다지 상식적이지도 않고, 늘 현명하지도 않다는 점이다. 따라서 우리는 상식에 이의를 제기해야 하고, 의심해야 한다.

어떤 해결책을 찾았다고 생각될 때, 그것이 정말 최선인지 스스로 의심해보자. 이게 맞다고 단정하기보다 더 나은 방법이 있을지도 모른다고 생각하자. 가능하다면 스스로 적어도 두 가지 이상의 다른 답안을 더 생각해보며 검증하는 훈련을 해보자. 그렇게 하면 당신은 직장 동료나 상사로서 또는 대화 상대이자 친구로서 훨씬 호감 가는 사람이 될 것이다.

온당한 의심은 강인함의 한 형태다. 자기 한계를 아는 조심성 있는 태도와 겸손한 마음이 함께하기 때문이다. 정치인들이 TV나 라디오 프로그램에 출연할 때, 자신이 항상 옳은 것은 아니며 어쩌면 상황이 개선될 수 있다는 것을 솔직히 인정한다면 얼마나 좋을까?

그래서 내가 이 책을 읽는 당신에게 하고 싶은 말은 이렇다. 설령 내 생각이 옳다는 확신이 들더라도, 적어도 마음속으로는(가능하다면 공개적으로도) 당신이 틀릴 수도 있다는 사실을 인정하라. 그렇게 하면 더 다가가기 쉽고, 더 호감 가고, 더 친근하고, 무엇보다 더 믿을 수 있는 사람이 될 것이다. 그리고 내가 전한 이 교훈을 꼭 실천하라.

나 역시 아내의 확고한 본능과 직관에 맞서며, 그 교훈을 몸소 배워야 했던 사람이라는 것을 잊지 말기 바란다.

그저 눈을 감아버리는
순간을 경계하자

 어느 날 침대에 누워 천장을 바라보고 있는데, 천장 한쪽 구석에 갈색 얼룩이 눈에 들어왔다.
 '이런, 큰일이군. 윗집 어딘가에서 물이 새는가 보네. 골치 아프게 생겼네.'
 돈 문제는 크게 걱정되지 않았다. 비용은 보험으로 처리할 수 있는 정도였다. 내가 두려웠던 건 번거로운 상황과 협상 과정이었다. 윗집 사람이 상대하기 까다로웠기 때문이다.
 그래서 나는 눈을 감았다가 이내 침대에서 일어나 옷을 입고 평소처럼 일하러 나갔다. 더운 날씨에 얼룩이 금세

마를지 모른다고 스스로를 달래며 말이다. 그렇게 얼룩에 관한 생각을 애써 잊었다.

하지만 집으로 돌아와 침대에 누웠을 때 아쉽게도 얼룩은 그대로였다. '아, 이런.' 나는 또다시 한숨을 내쉬며 시선을 천장의 다른 부분으로 옮겼다. 다행히 그 외의 다른 얼룩은 없었다. 그래서 일단은 무시하기로 했다. 내일쯤 어떻게 해보겠다는 생각이었다.

나는 '의도적 눈 감기$_{\text{wilful blindness}}$'에 빠져 있었다. 이는 불편한 사실이나 나쁜 소식을 일부러 외면하는 태도를 말한다. 저널리스트이자 기업가로서 일과 경영에 관해 통찰력 있고 재치 넘치는 글을 써온 마거릿 헤퍼넌$_{\text{Margaret Heffernan}}$이 처음 만든 개념이다.

이 개념을 머릿속에 제대로 새기고 나면, 이런 현상이 주변 곳곳에서 눈에 띄기 시작한다. 내게는 운동하는 친구가 두 명이 있는데, 한 명은 열정 넘치는 럭비 선수고 다른 한 명은 권투 선수다. 두 친구 모두 자신이 하는 스포츠가 얼마나 위험한지를 보여주는 수많은 통계에 전혀 영향을 받지 않는다. 어찌된 일인지 자신들이 천하무적이리고 생각하는 듯했다.

며칠 전에는 또 다른 친구가 찾아왔다. 그는 간절히 사고 싶어 했던 부동산의 감정 평가 보고서를 막 받은 참이었다.

"좋다는 거야, 나쁘다는 거야?"

내 물음에 친구는 이렇게 대답했다.

"아직 안 봤어. 그런 건 항상 나쁘게 써 있잖아. 부동산 감정사들이 고소당할까 봐 일부러 상황을 더 안 좋게 보거든. 그래서 나는 이런 보고서는 전혀 신경 쓰지 않아."

나는 속으로 생각했다.

'그래. 네 돈이지, 내 돈은 아니니까.'

그런데 친구의 말을 듣는 순간, 문득 내 방 천장의 얼룩이 생각났다. 방에 가서 확인해보니 여전히 그대로였다. 나는 다시 결심했다.

'그래, 일주일만 더 기다려보지 뭐.'

그리고 다시 책상으로 돌아와 일했다. 나와 그 친구, 둘 다 똑같이 의도적 눈 감기를 하고 있었던 것이다.

이런 현상은 세상 어디서나 볼 수 있다. 정부는 무역수지 적자의 급증이나 감염병 확산의 조짐 같은 경고 신호를 무시하곤 한다.

누군가 병에 걸려 고통스러워할 때, 사람들이 이렇게 말하는 것을 나는 수없이 들었다.

"괜찮아질 거야. 걱정하지 마."

나 역시 나를 걱정하는 사람들에게 이렇게 말한다.

"그냥 감기일 뿐이에요. 약이나 먹겠습니다."

복통이 심해지는 것을 무시하면서 말이다.

대부분의 의사는 이런 의도적인 눈 감기가 얼마나 흔히 일어나는지를 잘 알고 있다. 특히 남성들에게 더하다.

우리 모두의 삶에도 그런 순간이 있을 것이다. 내가 천장의 얼룩을 외면했듯, 현실을 직시하고 싶지 않아 눈을 감아버린 순간. 그때 우리는 눈을 감고 이 상황이 사라지기를 바란다. 의도적 눈 감기는 사회 전반에 만연한데, 특히 경영과 비즈니스 분야에서 자주 나타난다.

만일 자신의 삶에서 이런 현상을 발견했다면 즉시 멈춰야 한다. 그건 생각보다 훨씬 위험한 일이다. 나는 결국 윗집 사람에게 누수 문제를 따지러 가지 않았고, 몇 주 동안 얼룩을 쳐다보지도 않았다. 아마 얼룩은 지금도 여전히 그대로일 것이다.

그 눈 감기는 의도적일 행동일 때도 있고, 걱정을 덜기 위한 무의식적인 행동일 때도 있다. 어느 쪽이든 그것은 꽤 위험한 수위의 집중력 결핍이다. 그리고 솔직히 말하자면, 그건 그냥 비겁한 행동이다. 적어도 내 경우에는 언제나 그랬다.

언제나 진실을 말해야
삶이 편해진다

어머니는 내게 이렇게 말씀하시곤 했다.

"언제나 진실을 말해야 삶이 편해진단다. 그렇지 않으면 진실 때문에 네가 괴로워질 때가 올 거다."

곧 어머니의 지혜를 깨닫게 되었는데, 서른세 살이었을 무렵이다. 나는 대머리가 되어가고 있다는 걸 발견했다. 사실 그때까지 탈모 증상이 좀 있긴 했지만, 세심하게 빗질하면 머리카락이 빈약한 부분을 가릴 정도는 되었다. 바람을 좀 피하고 머리 각도만 잘 유지하면 아무도 알아차리지 못했다. 참견하기 좋아하는 내 이웃 한 명을 제외하고는 말이다. 그녀는 윈저의 한 성직자의 아내로, 친절하지만 상당히 직설적인 사람이었다.

어느 날 그녀는 차나 한잔하자며 나를 초대해놓고선 갑자기 무섭게 다그쳤다.

"찰스, 당신이 대머리라는 거 알죠? 우리도 모두 알아요. 당신 나이에 머리털이 없다는 건 부끄러워할 일이 아니에요. 많은 사람이 그렇거든요. 하지만 빗질로 가려서 대머리가 아닌 척하는 건 부끄러운 거예요. 아무도 속이지 못할뿐더러 스스로 웃음거리가 될 뿐이에요. 그러지 말아요. 이발소에 가서 그 성가신 부분을 정리하고 솔직한 모습으로 다녀요. 익숙해지면 엄청난 해방감을 느낄 거예요."

노부인이 정곡을 찌르는 바람에 도저히 어쩔 수 없었다. 결국 이발소에 가서 머리카락을 싹 잘라버렸다. 그러자 귀 바로 윗부분만 빼고 전부 벗겨진 머리 모양새가 그대로 드러났다.

그 모습에 익숙해지기까지 꽤 시간이 걸렸지만, 솔직히 말해서 삶이 훨씬 편해졌다. 수영장에서 나오면 머리카락을 말릴 필요가 없었다. 다른 신체 부위를 닦듯 두피의 물기를 털어내면 그만이었다. 나머지는 햇볕이 알아서 마무리해줬다. 빗질할 필요가 없으니 아침에 하루를 준비하는 시간도 훨씬 줄었다.

아울러 시간이 좀 더 흐르자 나 자신에게 충실해지고 있다는 느낌이 들었다. 더 이상 내가 아닌 다른 사람인 척하지 않아도 되었다. 무엇보다 아무도 그 차이를 알아차리지 못하는 것 같았다. 덕분에 나는 이전에는 몰랐던 해방감을 느꼈다.

비슷한 상황이 시력 검사를 받을 때도 일어났다. 시력 검사가 마치 시험을 보는 것만 같았다. 검안사는 계속 내 앞에 알파벳 글자를 올려놓고 읽어보라고 했다. 하지만 나는 그 글자들이 잘 보이지 않아서 대충 찍어서 답했다. 결국 검안사는 인내심을 잃고 이렇게 말했다.

"저기요. 지금 거짓말하시는 거 알고 있습니다. 글자가 보이는 척하는 게 느껴진다고요. 가끔 맞는 글자를 찍을 수도 있겠지만, 그러면 제가 당신의 시력을 제대로 판단할 수 없어요. 사실대로 말하지 않으면 당신에게 맞는 안경 렌즈를 처방해드릴 수 없고, 당신은 예전처럼 잘 볼 수 없을 겁니다."

나는 검안사의 말이 옳다는 것을 인정하고 그때부터 정직하게 사실대로 말하기 시작했다. 그리고 내 시력에 맞는 안경을 새로 맞췄고 다시 또렷하게 볼 수 있게 되었다. 진실을 말한다는 것은 마음이 한결 가벼워지는 일일 뿐 아니라, 실제로 시야를 더 맑게 해주는 일이기도 했다.

건축 공사를 할 때도 마찬가지였다. 당시 나는 경험을 통해 건축업자가 비용과 공사 기간이 어느 정도라고 말하면, 보통은 그보다 두 배 정도의 비용과 기간이 소요된다는 것을 이미 알고 있었다. 그래서 이번에는 이렇게 말했다.

"잘못될 수 있는 모든 상황을 감안한 실제 견적을 주십시오. 내가 충격을 극복한 후에, 우리가 서로 협력해서 좋은 결과를 낼 수 있도록 말입니다. 그렇지 않으면 결국 다투게 될 겁니다. 당신은 그렇게 싸게는 할 수 없다고 할 테고, 나는 당신이 바가지를 씌운다고 할 테니까요."

건축업자는 자신이 생각하는 합당한 비용과 공사 기간을 제시했고, 그 견적을 본 나는 충격을 받았다. 하지만 그 아픔이 지나간 뒤 우리는 놀라울 만큼 잘 협력하며 일할 수 있었다. 그리고 믿기 어렵겠지만, 결국에는 예상보다 약간 적은 비용으로, 조금 더 빨리 공사를 마무리 지을 수 있었다. 결국 이번에도 진실을 말하는 것이 내게 유리하게 적용된 셈이었다.

리더로서 팀을 이끌 때도 마찬가지다. 경기장에서든 직장에서든 말이다. 스스로 진실을 말해야 하고, 다른 사람도 진실을 말하게 만들어야 한다. 그렇지 않으면 서로 신뢰할 수 없다. 신뢰는 세상이 원활하게 돌아가게 하는 윤활유다. 신뢰가 없으면 모든 것이 멈춘다.

가정에서도 직장에서도 진실을 드러내는 일은 필수적이다. 사실 아리스토텔레스가 꼽은 첫 번째 미덕도 바로 진실이다. 그 뒤를 잇는 덕목이 용기인데, 그가 말한 용기란 옳은 것을 지키는 도덕적 용기, 즉 결과가 어떻든 진실을 고수하는 마음을 뜻한다.

그러니 내 어머니의 현명한 조언을 기억하자. 진실을 외면해선 안 된다. 외면한 그 진실이 언젠가 당신을 괴롭게 만들게 두지 마라.

내가 모르는
나의 단점은 위험하다

셸에서 근무하던 20대 초반의 일이다. 그날 나는 싱가포르 국제공항에서 하루 종일 항공기에 연료를 보급하는 작업을 맡았다.

사실 그리 어려운 일은 아니었다. 색깔로 명확하게 구분되어 있어 착오가 생길 염려가 전혀 없었다. 내가 할 일은 비행기 연료 탱크의 빨간 밸브에는 빨간 호스를, 초록 밸브에는 초록 호스를 연결하는 것뿐이었다.

하지만 그 호스를 옮기기가 꽤 힘들었다. 날씨가 너무 무더웠던 탓인지 정신이 없었고, 관리자는 내게 고함을 치기 시작했다.

"이 바보 같은 놈아! 너 색맹이야?"

충격적이었다. 마치 공개적으로 매독에 걸렸냐고 추궁받는 것 같았다.

"아니에요. 절대 아닙니다!"

하지만 관리자가 옳았다. 당시에는 몰랐지만, 나는 빨간색과 초록색을 구분할 수 없었다. 물론 회사는 내게 그런 일을 시키기 전에 색맹 검사를 해야 했지만 말이다.

그 일을 겪은 뒤 나는 생각했다.

'나에 대해 내가 아직 모르는 게 또 있을까?'

당신은 어떤가? 혹시 색맹인가? 아니면 당신의 몸이나 성격에 관해 스스로 알지 못하는 부분이 있는가? 혹시 과잉행동형인가? 아니면 청각이 떨어지는 편인가? 가장 친한 친구에게 물어보라.

우리는 자신에 대해 모든 것을 알지 못한다. 그리고 그것은 내 경우처럼 위험할 수도 있다. 잘못된 연료를 넣었다면 엔진이 멎었을 테고, 비행기는 하늘에서 추락했을지 모른다.

지금도 나는 비행기 좌석에 앉아 이륙을 기다릴 때, 엔진의 시동 소리를 유심히 듣는다. 내가 예전에 했던 일을 하는 사람이 색맹이 아니기를 바라면서. 엔진이 완벽하게 작동하기 시작할 때야 비로소 마음이 놓인다.

당신이 모르는 당신의 결함은 위험할 수 있다. 너무 늦기 전에 그것들을 알아내라.

진정한 소통은 우선
귀 기울여 듣는 것부터

연극 연출자이자 극단 칙 바이 자울Cheek by Jowl의 창립자인 데클런 도널랜Declan Donnellan과 이야기를 나누던 중이었다. 나는 그에게 훌륭한 연출가가 되는 비결이 무엇인지 물었다. 가르치는 일을 업으로 삼은 내게도 그의 답변이 어떤 단초를 줄 수 있을 거라고 기대했다. 그는 잠시 생각하더니 이렇게 말했다.

"그 비결은 주의를 기울이는 겁니다. 연극의 대사가 아니라 배우 개개인에게 말이지요. 힘들어하는 배우가 있으면 따로 불러서 대화를 나눠야 합니다."

그가 말하는 '주의를 기울인다'는 것은 배우들에게 단

순히 무엇을 하라고 지시하거나 조언하는 게 아니었다. 그것은 듣는 것을 넘어 상대방의 세계로 들어가기 위해 최선을 다하는 것으로, 상대가 스스로 말하게 만드는 것을 의미했다.

내가 좋아하는 연구 결과가 있는데, '말을 많이 할수록 덜 듣게 된다'는 것이다. 이 연구에 따르면, 말을 많이 할수록 상대방, 즉 듣는 사람에 대해 더 높게 평가하게 된다고 한다. 다시 말해 양쪽 모두 이득을 얻게 된다. 듣는 사람은 당신의 이야기를 듣는 데서, 당신은 상대방의 인정받는 느낌을 통해 이득을 얻는 것이다.

주의를 기울인다는 것은 상대방의 말을 경청하는 것에 그치지 않는다. 상대방으로 하여금 자신이 세상에서 가장 가치 있는 사람이라고 느끼게 해주는 것이다.

몇 년 전, 미국 대선에 출마한 후보 두 사람을 인터뷰하기 위해 파견된 젊은 여성 기자의 이야기를 들은 적이 있다. 두 후보는 부시와 클린턴이었던 것으로 기억하는데, 확실하지 않으니 편의상 A와 B라고 부르겠다.

그녀는 이렇게 말했다.

"A와 이야기를 나눌 때는 '내가 지금 세계에서 가장 강력한 인물과 같은 방에 있다는 사실이 정말 놀랍다'는 생각이 들었어요. 그런데 B와 함께 있을 때는 '지금 이 순간, 내가 세상에서 가장 중요한 여성이 된 것 같다'는 기분이었죠. 그가 나에게 온전히 집중하고 있다는 게 느껴졌거든요."

우리에게는 네덜란드 출신인 친구 부부가 있었다. 우리는 그 가족이 나무랄 데 없이 훌륭하다고 생각했다. 그들에게는 세 명의 10대 자녀가 있었는데, 아이들은 성숙하고 유쾌했으며 우리와도 자유롭게 대화하며 교감할 줄 알았다. 그들에 비하면 우리 아이들은 다소 뒤처진다는 생각이 들 정도였다.

친구 부부에게 물었다.

"도대체 어떻게 아이들을 키운 거예요? 비결이 뭔가요?"

그들은 이렇게 답했다.

"우리는 세 아이 모두를 외동아이처럼 대해요. 한 달에 한 번은 꼭 따로 시간을 내서 아이 한 명씩 데리고 어디든 가요. 그 시간에는 오직 그 아이에게 집중하죠. 아이가 하는 이야기를 듣고, 관심을 쏟고, 그 아이의 생각과 세계 속으로 들어가보려고 노력하죠."

그 결과는 분명 놀라웠다.

결론은 이렇다. 말하지 말고, 들어라. 그것도 '제대로' 들어라. 이는 대부분의 관리자가 배워야 할 교훈이기도 하다. 명령만 내리지 말고, 차분히 앉아서 그들의 이야기를 들어보라. 그러면 그들은 당신을 존중하게 될 것이다. 그리고 시간을 내서 경청해준 당신의 현명한 태도에 깊이 감사하게 될 것이다.

누군가 면접을 앞두고 조언을 구할 때 나는 늘 이렇게 말한다.

"면접관이 더 많이 이야기하게 만들어봐. 계속 질문을 던지라고."

연구 결과에 따르면, 면접관이 많이 말할수록 면접자는 더 호의적으로 평가받는다고 한다.

비슷한 맥락에서 만약 당신이 어떤 저녁 식사에 초대받았는데 무슨 말을 해야 할지 모르겠다면 옆자리에 앉은 사람에게 이렇게 말을 걸어보자.

"그런데 말이죠. 혹시 말해주실 수 있나요? ○○에 대해 어떻게 생각하세요?"

내심 그는 당신을 대단한 사람이라고 생각할 것이다. 당신이 자신의 말을 귀 기울여 들을 줄 아는 지혜를 지녔다고 느낄 테니까. 그리고 어쩌면 그 대화 속에서, 당신도 새로운 무언가를 배우게 될지도 모른다.

확신하는 것과
사실을 비워내는 기술

'능력', '가능성'을 뜻하는 영어 단어 'capability'는 글자 수가 많기도 하고 시각적으로도 다소 거슬리는 단어다. 특히 이름에 붙어 있을 땐 더 그렇다. 저명한 조경가인 랜슬롯 캐퍼빌리티 브라운Lancelot Capability Brown의 경우처럼 말이다. 전해지는 이야기에 따르면, 그는 눈앞에 펼쳐진 목초지와 관리되지 않은 초원을 보며 이렇게 말했다고 한다.

"이곳에는 엄청난 가능성capabilities이 있군요."

그가 말한 엄청난 가능성이란 바로 '잠재력potential'을 뜻했다. 즉, 그는 그저 눈앞의 풍경을 본 것이 아니라 그 안에 숨겨진 가능성을 본 사람이었다.

나는 초등학교 교실에서 아이들을 바라보는 선생님들의 마음도 그와 같을 거라고 생각한다. 그들은 분명 이런 생각을 할 것이다.

'와, 이곳은 가능성으로 가득하구나.'

비록 그 순간에 어떤 아이가 자기 이름조차 제대로 쓰지 못하더라도, 그 안에는 무한한 잠재력이 깃들어 있는 법이다.

그렇다면 영국 시인 존 키츠가 형제들에게 쓴 편지에서 '소극적 수용력negative capability'을 옹호했을 때, 도대체 무슨 말을 하고 싶었던 것일까?

이 말은 마치 모순처럼 들리지만, 키츠는 그런 의미로 말한 것이 아니었다. 그의 표현대로 그것은 "사실이나 논리에 의존하지 않고, 불확실성·의식·모호함을 받아들이고 계속 나아가는 능력"을 뜻한다.

다시 말해, 키츠는 사실이 상상력을 방해한다고 말하고 있던 것이다.

옥스퍼드대학교 재학 시절, 나는 기말고사를 앞두고 개인 지도교수에게 시험공부를 잘하는 요령이 있는지 물은 적이 있다. 그는 본질적으로 그런 것은 없다고 답했다.

"이런 시험에 기억력은 중요하지 않아. 네 기억력을 테스트하는 게 아니니까. 시험관을 깜짝 놀라게 해봐. 시험관이 이미 알고 있는 걸 말하지 말고, 미처 생각하지 못했던 걸 말하는 거야. 그러려면 머리를 비운 채로 들어가야 해. 머리를 비우는 가장 좋은 방법은 자리에 누워서 크리켓 경기를 '듣는' 거야. 아주 지루하겠지만 공이 배트에 부딪치는 소리 혹은 바운더리boundary(경기장의 경계선을 넘어 득점하는 타격-옮긴이)나 메이든 오버maiden over(6회의 투구동안 1점도 내지 못한 경우-옮긴이)가 나올 때 쏟아지는 박수갈채 소리는 여름 오후에 듣는 고요한 음악과 같지. 그 소리들은 다른 모든 것들로부터 네 마음을 비워줄 테고, 상상력은 최고조에 달할 거야. 필요한 사실이 있다면, 정확히 그 순간에 머릿속에 자연스레 떠오를 거야. 장담컨대 그것들은 이미 네 기억 깊숙이 남아 있을 테니까."

나는 그의 조언대로 누워서 크리켓 선수들의 소리에 귀를 기울였다. 그가 말한 것처럼 정말로 머릿속이 텅 비워졌다. 다음 날 시험장에 들어갔을 때는 '괜찮다'는 생각뿐이었다. 그리고 실제로 역사와 철학을 생생하게 재해석한 덕분에 학위를 받았다. 그때부터 지금까지 나는 크리켓에 아주 감사한 마음을 가지고 있다. 비록 한 번도 크리켓을 직접 해본 적이 없지만 말이다.

키츠는 어떤 사실이나 확신을 마음에서 비워내기 전에는 시를 쓸 수 없다는 걸 깨달았다. 나도 마찬가지다. 본능은 종종 강력한 힘을 발휘한다. 생전에 아내는 항상 자신의 뇌는 내장에 있다면서 직감으로 안다고 말하곤 했다.

"나도 당신만큼 똑똑해요. 다만 방식이 다를 뿐이에요."

그래서인지 도로에서 갈림길에서 어느 쪽으로 가야 할지 고민이 될 때 아내는 "왼쪽으로 가요"라고 말하곤 했다. 내가 "왜?"라고 되물으면 그녀는 이렇게 대꾸했다.

"그냥 그런 느낌이 들어요."

그럴 때마다 나는 아내의 직감을 존중하려고 노력했다. 그리고 내 나름대로 그런 상황을 받아들이기 위해 일종의 게임처럼 아내의 직감이 옳은 이유를 찾아보곤 했다. 나 스스로 납득할 수 있으면 아내의 선택을 따랐다. 그리고 언제나 그녀가 옳았다. 비록 그 이유를 설명하지 못했더라도 말이다.

한번은 아내에게 어떤 사실들을 알려주었는데, 아내는 알고 싶어 하지 않았다. 그런 사실들이 오히려 자신의 직관에 방해가 된다고 생각해서다. 아내는 매우 창의적이고 상상력이 풍부한 사진작가였다. 그녀에게 진실이란 어떤 사람의 '진짜 모습'을 보고 어떤 식으로든 그것을 포착하는 것이었다. 그러기 위해서는 피사체에 온전히 집중해야 했고, 초점 장치 같은 카메라의 세세한 기능에 너무 신경 써서는 안 되었다. 그녀는 자신의 직감을 믿어야 했다.

그 방식은 아내에게도, 우리 가족에게도 늘 효과적이었다. 나는 집을 살 때든 식당을 고를 때든 아내의 직감을 존중했다. 식당에 갔다가 "별로예요. 여기서 식사하고 싶지 않아요. 느낌이 좋지 않아"라는 아내의 말에 그냥 나온 적이 얼마나 많은지 모른다.

하지만 아이에게 맞는 학교를 고를 때는 정말 난감했다. 나는 학교의 교육 과정과 운동 실적, 통계 같은 온갖 정보를 꼼꼼히 살펴봤다. 그러나 아내는 교실에 한번 들어가보더니 이렇게 말했다.

"안 돼. 우리 딸을 여기에서 공부시키고 싶지 않아요. 이 학교에는 안 보낼 거야."

나는 그 어떤 사실이나 논리로도 아내를 설득할 수 없었다.

그때 나는 다시 상기했다. 소극적 수용력, 즉 사실이나 논리에 얽매이지 않고 불확실성 속에서도 상상력을 유지하는 힘이야말로 가장 강력한 힘이라는 것을.

사실이 상상력을 방해하게 두지 말자. 그리고 기억하자. 진실이 곧 아름다움이고, 아름다움이 곧 진실이다.

하지만 그것이 꼭 '보기 좋을' 필요는 없다. 수학자나 물리학자는 숫자와 기호로 이루어진 짧은 방정식이 우주의 질서를 담고 있을 때, 그 수식을 두고 매우 아름답다고 말하곤 한다. 그와 마찬가지로 나 역시 어떤 생각이나 메시지를 온전히 담아낼 수 있는 이야기나 비유를 찾아낼 때, 그것이 진실하면서도 아름답다고 느낀다. 여기에서 '진실하다'라는 말은 목수가 나무의 이음새를 보고 "이건 참하다"라고 말할 때의 의미다. 즉, 잘 맞고 제대로 작동한다는 뜻이다. 그럴 때 그것은 곧 아름다운 것이 된다.

앞서 말했듯이 진리는 아름답다. 그러나 그것이 상상력을 방해한다면 더 이상 아름답지 않다.

그림을 그리든, 글을 쓰든, 작곡을 하든, 디자인을 하든, 그냥 앉아서 무엇이든 하자. 상상력을 마음껏 펼쳐보자. 아, 그리고 시험이 다가온다면 머리를 비우고 에너지를 충분히 채워두자. 내게는 효과가 있었다. 당신에게도 효과가 있기를 바란다.

크리켓 경기를 봐도 좋다. 머리를 비우면서 좋은 주말을 보내자.

제대로 준비했다면
운은 주어진다

나는 운을 믿지 않는다. 아니, 좀 더 정확하게 말하자면 운은 스스로 만드는 것이라고 믿는다. 누군가는 이렇게 말했다.

"운이란 준비가 기회를 만났을 때 생기는 것이다."

영국인들은 대체로 개인의 노력을 경시하며 "뭐, 그냥 운이 좋았을 뿐이야"라고 말한다.

물론 나도 운이 따랐던 순간들이 있었다. 하지만 골프 격언을 빌리자면, 연습을 많이 할수록 운은 더 좋아진다.

전해지는 바에 따르면, 나폴레옹은 장군에게 필요한 유일한 자질로 '운이 좋은 것'을 꼽았다고 한다. 내 생각에 그 말은 무슨 일이 일어나든 대처할 수 있도록 철저히 준비되어 있어서 결과적으로 운이 좋아 보인다는 뜻인 듯하다. 보이스카우트의 모토인 '언제나 준비하라 Be prepared'처럼 말이다.

셸에서 근무할 때 나는 종종 시나리오 기획팀의 일원으로 참여하곤 했다. 그 팀의 목적은 우리에게 발생할 수 있는 위기 상황을 미리 예측하고 대응법을 찾는 것이었다.

예를 들어 수에즈 운하 봉쇄나 사우디아라비아의 정치적 붕괴 같은 참사가 실제로 일어난다고 가정하고, 어떻게 대응해야 할지에 대해 여러 관리자들과 함께 모의 훈련을 하는 것이었다.

이렇듯 '준비'를 실전처럼 연습하는 건 아주 좋은 사고 훈련이 된다. 나는 가끔 이런 생각을 한다. 최근 몇 달 동안 집에서 화재 대피 훈련을 하거나 재난 대비 계획을 세운 사람이 우리 중 과연 얼마나 될까?

아주 오래전, 아내와 나는 우리 중 한 사람이 장애를 갖게 될 가능성을 진지하게 고민한 적이 있다. 숙고 끝에 미리 대비하자는 결론에 이르렀다. 우리는 집 안에 개인 요양 공간을 만들기로 결정했고, 실제로 직접 설계해 집을 수리했다. 이제 나는 그곳에서 아주 편안히 지내고 있다. 상주 간병인이 나를 돌보며 식사를 챙겨주고 있고, 아래층 본채에는 딸이 거주하고 있다. 이 모든 것이 가능한 건 우리가 시간과 돈, 그리고 인내심과 건강이 있었을 때 미리 계획을 세워두었기 때문이다. 뇌졸중 후유증을 앓고 있고 나이가 훨씬 많아진 지금의 나로서는 할 수 없는 일이다.

그래서 사람들이 내게 이런 거처가 있다는 것이 얼마나 행운인지 말할 때면 나는 충분히 수긍하면서도 "사실 우리는 이런 상황을 미리 예상하고 준비했었다"라고 말한다 (물론 가끔은 운이 좋았다고 그냥 맞장구를 친다. 마치 내 노력이 아니라 정말 '운'이었던 것처럼).

결국 나는 이 말을 하고 싶다. "준비하라."

재난 대비 계획을 세워두면 정말 재난이 닥쳤을 때 당황하지 않고 버텨낼 수 있다.

오만함은 인생의
치명적인 재앙이다

운명의 장난인지, 나는 초등학교 시절 내 의사와 상관없이 고전학 과정에 배정되었다. 덕분에 나는 어린 시절 내내 그리스어와 라틴어 중심의 고전 문학과 문화를 배우며 자랐다. 특히 그리스 신화와 신들의 장난기 어린 행태를 모두 배웠는데, 그 과정이 의외로 꽤 즐거웠다. 하지만 그와 동시에 도덕적 교훈을 담은 위대한 비극들도 읽어야 했다. 고대 그리스에서는 모든 시민이 공연을 관람하며 보고 배울 수 있도록 매년 에피다우로스 Epidaurus(고대 그리스 남부의 소도시-옮긴이)의 웅장한 극장에서 공연되었다.

그리스어에서 유래한 단어인 '휴브리스 hubris'는 '지나친 오만_excessive arrogance_'이라는 뜻을 지닌다. 고대 그리스인들에게 이 단어는 자신을 신과 같은 존재로 여겨 자신의 신분을 훨씬 뛰어넘는 행동을 하는 것을 의미했다. 이런 태도는 당연히 신들의 분노를 샀고, 신들은 휴브리스의 죄를 지은 사람이 반드시 스스로 발목을 잡게 만들었다. 어린 시절 나는 이런 그리스 비극을 읽거나 공연을 보면서 마치 무언극을 볼 때처럼 속으로 외치곤 했다. '아, 제발 그러지 마요!' 그다음에 어떤 일이 일어날지 뻔했기 때문이다.

예를 들어 오이디푸스가 아버지를 죽이고 어머니와 결혼하기로 결심했을 때, 내 마음속의 모든 감정이 튀어나와 그에게 소리쳤다.

"안 돼, 그러지 마! 결국 넌 망할 거야."

실제로 그는 파멸을 맞았다. 아테네 사람들은 이런 비극을 보며 오만함은 결코 좋은 것이 아니며, 그런 행동은 재앙을 초래한다는 것을 터득했을 것이다.

2020년, 전 세계 수많은 사람과 마찬가지로 나 역시 TV를 통해 지나친 오만이 드러나는 광경을 목격했다. 바로 임기 마지막 해를 맞은 당시 미국 대통령 트럼프가 보여준 행동이었다(대선 토론에서 트럼프가 민주당 후보 조 바이든을 향해 "낮은 학점으로 대학을 졸업했다"라며 조롱한 사건-옮긴이). 그 순간 일말의 동정심조차 들지 않는 그 남자에게 나는 또다시 속으로 외쳤다.

'제발 그러지 말라고! 그다음에 무슨 일이 벌어질지 우리 모두 알고 있어. 당신에게 결코 좋지 않을 거라니깐?'

아니나 다를까, 결국 트럼프에게 안 좋은 상황이 벌어졌다. 그는 대부분의 현직 대통령이라면 쉽게 승리를 기대할 만한 선거에서 결국 패했다. 만약 그가 나처럼 그리스 비극을 배우며 자랐다면, 자신이 하는 일을 되돌아보고 실행하기 전에 다시 한번 생각해볼 수 있었을지 모른다.

오이디푸스는 어머니와 결혼하지 말았어야 했다. 그것이 파멸을 가져올 게 너무나 자명했지만, 아무도 그에게 다가가 말할 수 없었다. 물론 오이디푸스가 그 대가로 받은 벌은 자업자득이지만, 그래도 나는 그에게 경고해주고 싶었다. 트럼프 대통령에게도 마찬가지였다. 물론 그 역시 합당한 결과를 맞았지만, 그래도 나는 그에게 경고하고 싶었다.

"뒤를 좀 돌아봐. 결국 당신에게 닥칠 일이라고."

하지만 TV를 향해 고함을 쳐봤자 소용없었다. 당연히

그는 전혀 개의치 않았고, 신들은 그를 쓰러뜨렸다. 고대 그리스인들이 비극을 통해 배웠듯 우리 모두 이 일에서 교훈을 얻었기를 바란다. 스스로가 실제보다 더 대단한 사람이라 생각하면, 오만에 빠지는 것을 피할 수 없고 결국에는 곤경에 처하게 된다.

트럼프 사례에서 특별히 배울 점이 없더라도, 적어도 그리스 비극은 여전히 우리에게 가르쳐줄 것이 있다. 오만은 나쁘며, 언제나 재앙을 부른다는 것이다(도널드, 잊고 있던 교훈을 일깨워줘서 고맙소).

만약 아이가 오만한 행동을 하거나 스스로가 대단하다고 생각하는 모습을 보인다면, 그리스 비극 속 오이디푸스에게 벌어졌던 일이나 현대 비극 속 도널드 트럼프에게 일어났던 일을 알려주자.

결국 신들은 도널드 트럼프에게 합당한 형벌을 내렸다. 트럼프를 플로리다에 있는 그의 새집에 가두고 날씨에 상관없이 매일 골프를 한 라운드씩 치도록 했다. 골프 상대를 선택하고 자신만의 규칙을 만들 수 있었지만, 매일 아침 반드시 한 게임을 해야만 했다.

승리만이 유일한 목적이 되면, 인생이 재미없고 매우 지루해진다는 사실을 깨달을 거라는 의도였다. 그렇게 된다면 그의 방식도 바뀔 수밖에 없을 것이고, 그리스 비극의 본질처럼 우리 모두에게 교훈이 될 수 있을 것이다.

 4년의 형벌이 끝나고 신들은 도널드 트럼프에게 또 한 번의 기회를 주었다. 오만한 자에게 두 번째 기회는 흔치 않다는 것을 명심하자.

당신에게 성공한 삶은
어떤 모습인가

 '성공이란 무엇을 의미하는가?' 어느 날 저녁 식사 자리에 오른 대화 주제였다. 10대인 손자는 조금의 망설임도 없이 "자동차나 오토바이, 어쩌면 요트까지, 온갖 물건을 살 수 있을 만큼 돈을 버는 것"이라고 말했다. 손녀도 비슷한 생각을 하면서 드림하우스를 설계하고 있었다. 환상적인 침실과 욕실, 당연히 바다가 내려다보이는 테라스까지 갖춘 집 말이다. 이 모든 것은 손주들이 말한 대로 '성공한다면 벌게 될 돈'으로 지불될 예정이었다.

 손자가 물었다.

 "할아버지는 성공이 뭐라고 생각하세요?"

나는 이렇게 답했다.

"애들아, 잠시 나와 같이 나가자. 네 할머니 묘소를 보고 싶구나."

손주들은 아내가 세상을 떠났을 때 다정했던 한 친구가 묘지에 심으라며 설강화 몇 송이를 보내줬다는 사실을 몰랐다. 나는 설강화가 잘 자라고 있는지 확인하고 싶었다. 아내의 묘지는 우리 집에서 불과 몇백 미터 거리에 있었기 때문에 손주들과 함께 그곳으로 향했다.

그런데 도착해서 보니, 정작 아내의 묘지에는 설강화가 보이지 않았고, 오히려 근처에 있는 다른 무덤에 가득 피어 있었다. 설강화 스스로 옮겨간 건지는 알 수 없지만, 도처에 자리를 잡고 있었다. 우리 친구와 이웃의 무덤까지 묘지 곳곳은 물론, 심지어 묘지 옆 골목길의 울타리까지 퍼져 있었다.

문득 이런 생각이 들었다.

'이 설강화들은 아내의 친구들일 거야.'

생전에 아내는 주변 사람들을 사랑했고 그들의 사진을 찍는 것을 좋아했다. 그래서인지 친구가 엄청나게 많았다. 아내는 그들과 끊임없이 연락하며 지냈다. 언젠가 한 친구와 한 시간 동안 통화하는 걸 보고 물어봤다.

"무슨 이야기를 했어?"

아내가 답했다.

"아, 그냥 이것저것. 안부 전화였어."

그것은 곧 아내가 마치 설강화처럼 '물과 거름을 주며', 우정을 건강하게 유지하는 방식이었다. 아내는 종종 나에게 이렇게 묻곤 했다.

"일요일엔 특별한 손님이 없잖아. ○○네 부부를 점심 식사에 초대할까?"

나 역시 아내의 친구들을 좋아했기에 그들은 자주 우리 집에 와주었다. 그러면 아내는 내 좋은 와인을 가져와서는 애정을 한가득 담아 따라주곤 했다. 아내에겐 근처 동네에 사는 친구들은 물론, 세상 곳곳에 멀리 떨어져 사는 친구도 많았다. 그럼에도 아내는 그들과의 인연을 결코 소홀히 하지 않았다.

묘지를 거닐다가 나는 손주들에게 말했다.

"정말 아름다운 광경이지 않니? 자, 보렴. 너희 할머니는 이렇게 실링화에 둘러싸여 편히 잠들어 있지. 할머니에게는 친구들이 정말 소중했거든. 그리고 물과 거름을 지속적으로 주며 보살펴야 꽃이 건강하게 자라듯, 할머니는 친구들에게도 관심과 애정을 주며 아껴줘야 한다는 걸 알았지. 그래서 지금 할머니는 이렇게 친구들에게 둘러싸여 있는 거란다."

나는 말을 이었다.

"그러니 너희도 살면서 친구들과 계속 연락하면서 진심 어린 사랑을 보여주거라. 언젠가 너희가 세상을 떠날 때, 여기 설강화처럼 수많은 친구에게 둘러싸여 있으면 좋겠구나."

아내가 내게 해준 가장 큰 찬사는 바로 이 말이다.

"당신은 내 가장 친한 친구야."

나는 그녀의 수많은 설강화 중에서도 '으뜸 설강화'였던 셈이다. 정말 대단한 명예이자 진정한 성공이었다.

아내는 아주 행복하게 사랑을 주고받는 삶을 살았다. 나는 이보다 더 성공적인 삶을 상상할 수 없다. 세상에 있는 돈을 모두 합친 것보다 더 가치 있는 삶이다.

바꿀 수 없는 것과
바꿀 수 있는 것

나는 늘 믿어왔다. 조직 안에서 상사와의 관계를 잘 조율하는 것은 동료나 부하 직원과의 관계를 관리하는 것만큼이나 중요하다고.

물론 그 신념을 항상 잘 실천한 건 아니다. 셸 재직 초기에 내가 썼던 보고서를 읽어본 사람이라면 그 사실을 잘 알 것이다. 한참 뒤 셸을 떠난 뒤에도 내 마지막 상사와의 관계는 인생에서 가장 어려운 관계 중 하나였다.

그 상사는 주교이자 윈저성에 있는 세인트 조지 성당의 최고 성직자였다. 나는 윈저성에서 직원 한 명 없는 아주 독특한 형태의 싱크탱크를 운영했다. 매주 주말이면 기업의 대표나 기관의 수장 등 영국 각계의 최고 인사 마흔 명을 초대해 당대의 가장 중요한 도덕적 문제들을 토론했다. 주제들은 단순하지 않았다.

'좋은 성장이란 무엇인가?', '모든 성장이 정말 도움이 되는가?', '자유가 너무 지나친 것이 아닌가? 그렇다면 인터넷과 소셜미디어를 어떻게 규제해야 할까?' 등등.

우리는 어떤 법안을 만들지도, 결론을 규정하지도 않았다. 그저 다른 관점을 지닌 사람들이 동등한 위치에서 토론하면서 서로를 일깨웠다.

위대한 스코틀랜드 철학자 데이비드 흄은 '진실은 친구들 사이의 논쟁에서 드러난다'는 통찰을 남겼다. 나는 이것을 '토론을 통한 자기 교육'이라고 부른다. 이 방식은 매우 효과적이고 흥미진진하며 대단히 재미있다. 모두가 즐기면서 무언가를 배울 수 있다.

그러던 어느 날, 이 독창적인 싱크탱크의 미래에 대해 상사인 주교와 진지하게 논의해야 할 순간이 왔다. 나는 이 싱크탱크에 대한 큰 꿈을 가지고 있었다. 전도유망한 30대 초반의 차세대 인재 마흔 명을 초대하고 싶었다. 그들의 배우자까지 데려와 최대 한 달 정도 머물 수 있게 윈저성의 숙소를 제공할 계획이었다. 그렇게 하면 토론이 새로운 차원으로 발전할 것이라고 생각했다. 각 세대가 다른 관점으로 서로를 이해하고 배울 수 있을 테고, 특히 신참들에게는 앞으로의 인생에 도움이 될 친구를 사귈 수 있는 좋은 기회가 되지 않겠는가. 게다가 이는 원저성에서의 생활에도 활기를 줄 게 분명했다.

하지만 내 상사는 내가 추진하던 계획에 대해 전혀 감흥을 보이지 않다. 아무리 애써도 그를 설득할 수 없었다. 결국 그는 말했다.

"도움이 좀 필요한 상황인 것 같군요. 성당에 가서 함께 기도합시다."

나는 속으로 생각했다.

'이런, 이제는 신까지 자기 편으로 부를 생각인가. 망했군.'

우리는 세인트 조지 성당으로 향했다. 그곳은 수 세기 동안 그 자리를 지켜온 장엄한 공간이었다. 성가대석에는 가터 기사단 문장이 새겨진 깃발이 걸려 있었다. 우리는 제단 뒤의 성직자석에 나란히 앉았다. 이윽고 상사는 '평온을 비는 기도Serenity Prayer'를 읊기 시작했다.

"주여, 당신의 종 찰스에게 바꿀 수 없는 것을 받아들이는 평온함과 바꿀 수 있는 것을 바꾸는 용기를 주소서. 그리고 이 둘의 차이를 분별하는 지혜를 허락하소서."

그는 분명히 나에 대해 이렇게 생각한 것 같았다. 내가 추진하려는 일이 현실적으로 불가능하다는 사실을 이해할 만한 지혜가 부족하다고 말이다. 왜냐하면 그 일들은 기본적으로 윈저성의 일부를 근본적으로 개조하는 작업이 따라야 했기 때문이다. 윈저성은 천 년의 역사를 지닌 건축물이자 여왕 폐하의 사적인 거처였다. 따라서 내 생각을 실행하려면 직접 여왕께 계획을 설명하고 허락을 구해야 했다. 결코 쉬운 일이 아니었다.

결국 우리는 논의를 일주일 미루기로 했다. 하지만 그곳을 떠나면서 나는 그 기도를 곱씹어보았고, 그 과정에서 깨닫게 되었다. 주교는 '평온을 비는 기도'를 통해, 내가 막 받아들이기 시작한 스토아 철학의 신조로 나를 이끌었다.

이 기도는 내 인생을 바꿔놓았다. 그래서 당신에게도 권하며 다시 한번 소개한다.

"주여, 우리에게 바꿀 수 없는 것을 받아들이는 평온함과 바꿀 수 있는 것을 바꾸는 용기를 주소서. 그리고 이 둘의 차이를 분별하는 지혜를 허락하소서."

이는 스토아 철학의 신조와 같다. 자신의 가치에 따라 영향을 미칠 수 있는 일에는 온 힘을 다하되 그럴 수 없는 일이라면 그것을 받아들이고 회복력을 키우라는 것, 바꿀 수 없는 것을 억지로 바꾸려 하지 말라는 것이다.

스토아학파는 세상에는 자연과 삶의 질서를 이끄는 선한 힘, 즉 '로고스Logos'가 있다고 믿었다. 로고스는 때로 운명이나 체계 또는 신이라고 불린다. 그들은 우리가 로고스의 흐름에 순응하는 법을 배워야 한다고 생각했다. 용기와 인내심을 가지고 끝까지 지켜보고, 가능한 순간에 영향을 미칠 수 있다면 모든 것이 잘될 거라고 믿었다.

이제 나는 이 교훈을 가르쳐준 상사에게 감사드린다. 그 후로 나는 가치를 더할 수 있는 기회가 보이지 않는 한, 입을 다물었다.

물론 사람들은 종종 '내 의견은 별로 중요하지 않을 거야'라고 생각하며 아무 말도 하지 않는다. 부디 이런 생각의 함정에는 빠지지 않기를 바란다.

  누군가 말했듯이, 세상에서 가장 나쁜 사람은 자신의 행동이 별다른 변화를 주지 못할 거라고 생각해서 아무것도 하지 않는 사람이다. 당신의 한마디, 당신의 작은 행동이 누군가에겐 방향을 바꿀 계기가 될지 모른다.

세상에서
가장 위대한 그림

혹시 가까운 시일 내에 여행 계획이 있다면, 특히 이탈리아에 가게 된다면 꼭 한 곳을 가보라고 추천해주고 싶다. 토스카나 지방의 산세폴크로라는 작은 마을이다. 겉보기엔 평범한 시골 마을이지만 이곳의 시립박물관에는 영국 소설가 올더스 헉슬리Aldous Huxley가 "세계에서 가장 위대한 그림"이라고 극찬한 작품이 있다. 르네상스 시대의 거장 피에로 델라 프란체스카Piero della Francesca가 그린 〈부활The Resurrection〉이다. 이 작품은 돌무덤에서 부활한 예수 그리스도가 하늘로 올라가려는 순간을 담고 있다. 예수의 주변에는 로마 병사들이 앉아 있는데, 그들은 예수의 무덤을 지키며 명령을 기다려야 하지만 모두 잠들어 있다.

반면에 예수는 더 이상 어떤 명령을 기다리지 않는다. 그는 무덤에서 일어나서 그 앞의 의자에 앉은 나를 내려다보고 있다. 그 강렬한 눈빛이 너도 나처럼 해보라고 도발하는 것 같다. 물론 그 말은 자신처럼 하늘로 승천하라는 뜻이 아니다. 이 땅에서 하늘의 뜻과 닮은 새로운 삶을 살라는 의미다. 과거의 나로부터 벗어나 지금 여기에서 다시 태어나라는 권고다.

솔직히 말해 내 지난 삶은 자랑스럽지 못했다. 나는 매우 이기적이었고, 세상에 의미 있는 것을 남기지도 못했다. 하지만 가만히 생각해보면 예수조차 어떤 면에서는 실패자로 간주될 수 있다. 그의 가르침은 많은 사람에게 외면당했고, 그의 제자들은 고작 한 식탁을 둘러앉을 만큼 적었다. 결국 그는 도둑과 똑같은 형벌을 받아 십자가에서 생을 마감했다. 그러나 그는 새로운 세상에서 새로운 존재로, 자신을 다시 만들어냈다.

그 모습을 담은 그림이 내게 이런 질문을 던졌다.

"너는 너 자신을 새롭게 창조할 수 있을까? 새로운 삶을 만들 수 있을까?"

나는 이 질문이 우리 모두에게 던져진 도전이라고 생각한다. 프란체스카의 그림은 '지금의 나를 넘어 더 나은 나로 다시 태어나라'는 초대장이다. 다른 무언가를 시도하고, 더 큰 목적이나 사명에 몰두할 용기를 내라는 메시지다.

이기적인 삶은 오래가지 못한다. 우리는 결코 홀로 지낼 수 없으며, 다른 사람들을 생각해야 한다. 서로의 존재가 서로의 안전망이자 삶의 이유이기 때문이다.

우리 모두는 더 큰 무대의 일부일 뿐이다. 그러니 더 크게 생각하자. 우리 자신을 바칠 수 있는 의미 있는 일을 찾아보자. 아니면 스스로 만들어내자. 부활한 예수는 내게 이렇게 말한다.

"새로운 찰스 핸디가 되어라."

그리고 나는 바란다. 그 말이 조금은 덜 이기적인 찰스 핸디를 뜻하기를. 다른 사람을 돕는 방법을 찾는 일은 실제로 깊은 만족감을 준다. 어떤 면에서는 그렇게 느끼는 것 자체가 이기적이라고 할 수도 있다. 하지만 그것은 좋은 의미의 이기심이다. 그 행위 자체가 타인에게도 유익을 주기 때문이다.

당신의 사업이나 조직 역시 누가 이끌고 그 목적을 어떻게 정의하는지에 따라 더 큰 대의를 가질 수 있다. 나는 기업이 진정으로 살아남으려면 생존 이상의 목적을 가져야 한다고 믿는다. 오직 이윤만 추구하는 기업은 결국 실패하게 마련이다. 반면에 성공한 기업은 사람들이 진심으로 헌신할 수 있는 무언가, 즉 가치 있는 목적을 가지고 있다.

예전에 내가 쓴《헝그리 정신》이라는 책에는 아프리카 사람들이 느끼는 두 가지 열망에 관한 이야기가 나온다. 하나는 생계 수단, 즉 음식과 집, 그리고 돈에 대한 열망이고, 다른 하나는 삶의 목적, 즉 살아남기 위해 애써야 하는 이유에 대한 열망이다.

자본주의는 첫 번째 열망은 충족시켜주지만, 두 번째 열망은 충족시켜주지 못한다. 두 번째 열망을 충족시키려면 사람들이 헌신할 수 있는 대의를 제시하는 선도적 인물이 필요하다. 그러나 안타깝게도 오늘날 사회에는 바로 그런 인물이 부족한 것 같다. 여전히 많은 이가 자신의 이익만을 추구하고 있다.

최근 코로나 팬데믹은 우리에게 중요한 교훈을 남겼다. 바로 사회는 함께 힘을 합칠 때 비로소 제 기능을 한다는 사실이다. 이는 사회 역시 그 자체보다 더 큰 대의가 있어야 한다는 의미다. 그 대의라는 것이 '기후변화'일까? 나는 진심으로 기후변화가 인류 공동의 대의가 되기를 바란다.

이것이 바로 오늘날 국가 지도자들이 직면한 가장 큰 도전이다. 우리 자신의 이익보다 더 중대한 대의, 그리고 후손들에게 도움이 되는 대의를 위해 지금 우리가 겪는 일시적인 불편함을 감수하도록 만드는 것이다.

내가 최근 여러 차례 시도했던 것을 여러분도 직접 해보기를 강력히 권한다. 나무를 심는 것이다. 비록 자신이 그 나무 그늘 아래 앉을 일이 없을 거라고 해도, 손자, 손녀나 다른 누군가가 나무 그늘을 즐기며 쉴 수 있을 것이다. 자신을 위해서가 아니라 다른 사람이 즐길 수 있는 일을 한다는 것은 기분 좋은 일이다. 게다가 그것은 기후 체계를 지키는 데도 도움이 될 수 있다.

그리고 부디 잊지 말자. 언젠가 이탈리아의 산세폴크로 마을에 찾아가, 세상에서 가장 위대한 그림 앞에 앉아 있는 것을 말이다.

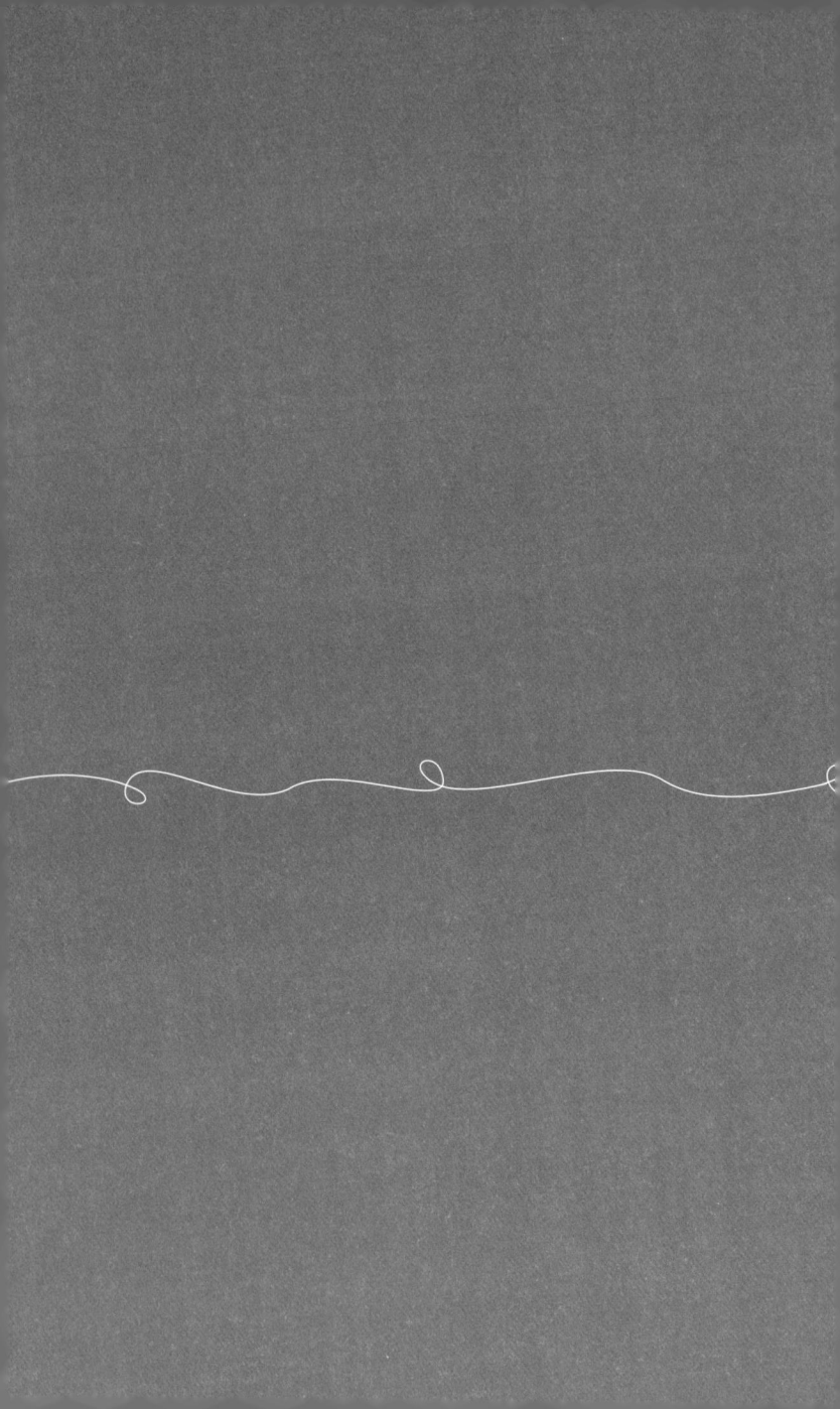

2장

함께 살아간다는 것
— 타인과 세상에 관하여

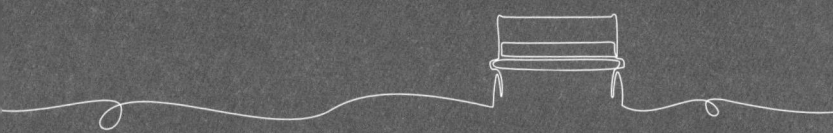

나는 인생에서 중요한 것이 무엇이고, 단지 심각한 일에 불과한 것이 무엇인지는 자신만이 결정할 수 있다고 생각한다. 다만 중요한 일은 미뤄서는 안 된다. 그건 바로 가족, 친구, 음식 이 세 가지다. 나는 가족, 친구, 음식을 중요하게 여기는 이 원칙을 내 삶에도 적용한다. 인생은 돈을 벌기 위해서가 아니라, 진실로 살아 있기 위해 존재하니까.

이탈리아인에게 중요한 세 가지

오래전 어느 아침, BBC 라디오 〈투데이Today〉에서 불과 2주 사이에 세 번이나 이탈리아 정부의 내각이 무너졌다는 뉴스를 들었다. 진행자 존 험프리스는 한 이탈리아 언론인을 연결해 인터뷰를 진행했다.

"이번 사태는 국가적으로 매우 중요한 문제지요?"

그 언론인은 이렇게 답했다.

"아주 심각한 문제입니다. 하지만 중요하지는 않습니다."

이탈리아 사람이라면 누구나 그가 그렇게 말한 이유를 이해했을 것이다. 나 역시 안 것 같았다. 이탈리아인의 생활은 국가보다 지역 공동체 중심으로 돌아가기 때문이다.

경찰이 있고, 세금을 내고, 주민 등록을 하는 마을이 바로 생활의 중심이다.

외교 관계나 국가 세무 등 로마에서 벌어지는 일들은 흥미롭고 동시에 심각하다. 하지만 정치 체제의 변화는 실제 그 분야에 종사하는 전문가들에게만 흥미로울 뿐이고, 대부분의 사람은 신경조차 쓰지 않는다.

이탈리아 마을의 광장에서는 두 여성과 한 남성이 열띤 논쟁을 벌이는 모습을 쉽게 볼 수 있다. 가까이 다가가 들어보면, 정치적 논쟁을 벌이는 게 아니라 일요일에 먹을 점심 메뉴에 관해 이야기하고 있다는 것을 알게 된다.

그걸 보면 생각하게 된다. 우리 인생에서 중요한 건 무엇이고, 그저 심각한 건 무엇일까? 나는 이탈리아인들이 중요하게 여기는 '3F'에 깊이 공감한다. 바로 '가족Family', '친구Friend' 그리고 '음식Food'이다. 이 세 가지가 잘 유지되면 어떤 일이 일어나도 인생은 계속된다.

즉, 내가 당부하고 싶은 말은 가족을 잘 돌보라는 것이다. 공과금 납부는 다음 주로 미뤄도 괜찮다. 하루나 이틀 늦게 낸다고 세상이 무너지진 않는다.

일요일 점심은 모든 이탈리아 가정에 매우 특별하고 중

요한 시간이다. 이때는 외부인도 환영받고, 멀리 떨어져 있던 가족들도 모인다.

나는 인생에서 중요한 것이 무엇이고, 단지 심각한 일에 불과한 것이 무엇인지는 자신만이 결정할 수 있다고 생각한다. 물론 심각한 일들도 무시할 수는 없다. 하지만 그것들을 지금 당장 처리할 필요는 없다. 대개는 머리가 맑아지는 다음 주까지 기다릴 수 있는 일들이다. 하지만 중요한 일은 미뤄서는 안 된다. 그건 바로 가족, 친구, 음식 이 세 가지다. 나는 가족, 친구, 음식을 중요하게 여기는 이 원칙을 내 삶에도 적용한다. 이 3F는 언제나 내 '일'보다 먼저다. 그 일에는 직장 일도 포함된다. 인생은 돈을 벌기 위해서가 아니라, 진실로 살아 있기 위해 존재하니까.

그런 의미에서, 일은 기분이 더 좋아지면 하겠다.

젊은 여성들은
어떻게 세상을 바꾸는가

나는 스스로를 언어에 능한 사람이라 자부하지만, '오피니어니스타opinionista'라는 단어는 들어본 적이 없다. 새로운 단어를 좋아하긴 하지만 옥스퍼드 영어사전에 등재되지 않았거나 유의어 사전에서도 찾을 수 없는 단어라면 달갑지 않다. 게다가 이 단어는 발음하기도 어렵고 철자도 까다롭다('opinionista'는 이탈리아어로 '칼럼니스트', '논평가'라는 뜻이지만, 영어권에서는 '의견을 말하는 사람'이라는 본래 뜻을 넘어 '사람들의 의견을 이끌거나 영향력을 미치는 사람'이라는 폭넓은 의미로 사용된다-옮긴이). 어머니는 늘 이렇게 말씀하셨다.

"셰익스피어의 작품이나 성경에 나오는 단어들만으로

충분히 하고 싶은 말을 전할 수 있는데, 굳이 새로운 말을 만들어낼 필요가 있을까?"

그 말이 맞다. '오피니어니스타'는 그저 똑똑해 보이려는 의도로 사용되는 말일 뿐이다.

도대체 왜 '본보기$_{model}$'나 '예시$_{example}$' 같은 쉬운 단어를 쓰지 않는 걸까? 하지만 요즘 비즈니스와 마케팅 분야에서는 '오피니어니스타'가 새로운 용어로 자리 잡았다.

소셜미디어에서 팔로워가 만 명이 넘으면 당신도 오피니어니스타로 인정받는다. 그 정도 영향력이 있으면 곧 마케팅 담당자들이 다가와 어떤 향수를 쓰거나 특정 자동차에 앉아 있는 모습을 보여달라고 요청하거나, 심지어 금전적 보상까지 제안할 것이다. 당신의 팔로워 중 몇 명이라도 그 향수나 자동차를 사주길 바라는 마음에서다.

새로운 비즈니스 아이디어에는 찬성한다. 적은 비용으로 유명 인사의 홍보 효과를 얻는 방법이기도 하다. 하지만 나는 이런 상업적 인물이 아니라 사회운동가를 모델로 삼는 마케팅에 호감을 느낀다.

세상을 바꾸기 위해 앞장 서고 있는 두 젊은 여성, 말랄라 유사프자이$_{Malala\ Yousafzai}$와 그레타 툰베리$_{Greta\ Thunberg}$가 그 예다. 이들이야말로 진정한 의미의 '스타 오피니어니스타'다.

말랄라가 열한 살이던 2008년, 그녀가 살던 파키스탄 지역은 탈레반의 지배 아래 놓였다. 그 결과 여자아이들은 더 이상 학교에 다닐 수 없었다. 탈레반은 "여자는 그저 음식을 만들고 아이를 낳기 위해 존재한다"라며 교육을 받을 필요가 없다고 규정했다. 오직 남자아이들만이 수업을 듣고 싸우는 법을 배울 수 있었다.

이후 청소년이 된 말랄라는 이 부당함에 맞서 여자아이들의 교육받을 권리를 외치기 시작했다. 탈레반 지도자들은 이렇게 말했다.

"누가 저 성가신 아이 좀 처리할 수 없을까? 눈엣가시 같으니."

그리고 어느 날 아침, 무장한 탈레반 군인 하나가 스쿨버스에 올라탔다.

"말랄라가 누구야?"

말랄라는 자리에서 일어나 담담히 말했다.

"제가 말랄라인데요."

그러자 그는 권총을 꺼내 그녀의 머리를 쏘았다. 다행히도 총알은 말랄라의 뇌를 간신히 빗나갔다. 아버지가 곧장 달려와 그녀를 데리고 영국행 비행기에 올랐고, 버밍엄의 의사들이 그녀의 생명을 구했다.

회복하자마자 말랄라는 활동을 재개했고, 여성이 교육받을 권리뿐 아니라 직업을 가질 권리, 배우자를 선택할 권리, 대학에 진학할 권리 등 여성의 모든 인권으로 의제를 확장해 전 세계를 누비며 메시지를 전파했다. 그녀는 각국에서 수많은 상을 받았고, 결국에는 노벨평화상을 공동 수상하며 역대 최연소 노벨상 수상자가 되었다. 그녀의 삶은 영화로도 제작되었다. 내 생각에 말랄라는 아마 이 시대 모든 소녀가 마음속에 품은 영웅일 것이다.

내게는 10대 손녀가 둘 있다. 두 아이 모두 무척 아름답고 매력이 넘치면서도 제법 당돌하고 장난기가 많다. 예전에 아이들의 부모에게 나는 이렇게 말하곤 했다.

"조심해라. 이 둘이 너희 속 좀 썩일 거다."

하지만 내가 틀렸다. 그 아이들은 보물 같은 존재이자 미래의 희망이다. 그리고 그 아이들이 본보기로 삼는 인물은 말랄라와 그레타다.

스웨덴 출신의 환경운동가인 그레타는 열일곱의 나이에

놀라운 용기를 냈다. 유엔 기후행동 정상회의_{United Nations Climate Action Summit}에서 자신의 메시지를 전했고, 다보스에서 열린 세계경제포럼에서 각국의 최고 경영자들을 향해 "너무 늦기 전에 함께 친환경 행동에 나서라"라고 외쳤다. 이 두 사람은 새로운 세대의 본보기이자 내게 희망을 주는 존재들이다.

언젠가 런던 남부의 어느 학교 앞에서 대규모 시위가 벌어졌다는 소식을 접한다면, 아마 내 손녀 스칼렛이 그레타의 뒤를 따라 무언가를 조직한 덕분일 것이다. 잘했다, 스칼렛.

문득 나는 궁금해서 구글에 물었다. "이것이 하나의 트렌드인가?" 구글은 이런 방식으로 행동하는 어린 소녀들이 수천 명에 이른다고 알려주었다. 그들 모두가 의견을 가진 여성들, 즉 오피니어니스타다. 그들은 세상을, 그리고 우리의 사고방식을 바꾸고 있다.

내 두 손녀는 나의 도덕성을 지키는 수호자 역할을 자청했다. 내가 무심코 인종차별적으로 들릴 만한 말이나 성차별적인 표현, 혹은 지나치게 보수적인 발언을 하면 작은 테리어 강아지처럼 달려들어 따끔하게 혼을 낸다. 그 규율

이 꽤 엄격해서, 가끔은 손녀들과 함께 앉아 있는 것이 좀 무섭기도 하다. 하지만 그 덕분에 내 말투와 행동이 확실히 달라졌다. 잘했다, 애들아.

이제 당신 주변의 어린 소녀들을 자랑스럽게 여기자. 그리고 그 아이들에게, 다른 사람들도 자신처럼 행동에 나서도록 용기를 북돋워주라고 전하자. 이 암울한 시대에 내가 보는 유일한 희망의 징표는 바로 이 아이들뿐이다.

당신에게도 꼭 맞는
친구가 있기를

 뇌졸중을 앓은 후 몇 년 동안 나는 사실상 독방 신세를 면치 못했다. 내 소유의 아파트가 매우 편안한 감옥이었던 셈이다. 그 시간을 보내며 새삼스럽게 깨달은 것이 있다. 온전한 나로 존재하려면 다른 사람들, 특히 오랫동안 나를 알아왔고 어쩌면 나 자신보다 나를 더 잘 아는 친구들이 필요하다는 사실이다. 그 친구들과 함께 있으면 예전의 나를 떠올리게 되고, 지금도 여전히 그 모습으로 남아 있기를 바라게 된다.

 어디선가 이런 문장을 읽은 적이 있다.

 "좋은 친구란 당신의 단점을 전부 알면서도 여전히 당신과 점심을 같이 먹고 싶어 하는 사람이다."

이 말은 나와 데이비드의 관계를 완벽히 설명해준다. 데이비드는 내 가장 오래되고 가까운 친구로, 50년 전 대학 시절 처음 만났다. 우리는 한 달에 한 번 점심을 함께하며 식당을 고르는 일과 계산을 번갈아 맡는다.

점심을 먹으면서 우리는 서로의 가장 불편한 비밀과 실패담, 얼마 되지 않는 성공담을 공유한다. 자랑할 사람이 없다면 성공이 무슨 의미가 있겠는가?

데이비드는 나에 대해 모든 것을 알고 있다. 내가 가진 가장 나쁜 결점과 약한 면까지 말이다. 그는 할 수만 있으면 늘 나를 도와준다. 게다가 실력 있는 의사여서, 내가 넘어져 다치기라도 하면 어느 병원의 어떤 전문의를 찾아야 할지 누구보다 잘 안다. 그런 친구가 곁에 있다는 것이 얼마나 든든한지 모른다.

뇌졸중으로 거의 죽을 뻔했다가 의식을 되찾았을 때 병상 옆에 서 있는 데이비드를 발견했다. 반가움이 밀려왔지만 늘 그래주었던 친구였기에 놀랍지는 않았다.

그는 우리 가족의 연락을 받고 곧장 비행기를 타고 와서는 내 곁을 지켰다고 했다. 물론 병실에 누워 있던 사람이 그였더라도 나 역시 똑같이 했을 것이다.

다음은 셰익스피어의 소네트 중에 내가 가장 좋아하는 구절인데, 결혼식에서 한 번쯤 들어봤을 것이다.

> 진실한 마음들의 결합을
> 방해하는 것을 나는 인정하지 않으리.
> 변화가 닥쳤을 때 변하는 것이라면,
> 사랑하는 이가 떠난다고 해서 함께 떠나는 것이라면,
> 그것은 사랑이 아니다.
> 아, 아니다! 사랑은 영원히 고정된 표식으로
> 폭풍을 마주해도 결코 절대 흔들리지 않는다.

셰익스피어가 이 시에서 말하고자 한 건 로맨틱한 사랑이 아니라 우정이 아니었을까 싶다. 이 시에 등장하는 '사랑'이라는 단어를 형제자매나 정말 친한 친구 사이의 애정이라고 생각해보기 바란다. 전적인 신뢰와 진실이 담긴 관계 말이다. 사실 나는 좋은 결혼이란 결국 진실된 마음의 결합, 친구로서의 결합, 그리고 신뢰와 평등을 바탕으로 한 동반자 관계로 귀결된다고 믿는다.

다만 이미 세상을 떠난 아내가 늘 내게 상기시킨 것이 있다. 우정 안에서는 두 사람이 하나면서도 동시에 각자의 공간이 필요하다는 점이었다. 아내는 그런 생각을 우리 집의 구조에도 반영했다. 원만한 결혼 생활을 위해 침대는 하나면 충분하지만 욕실과 작업실, 서재는 두 개가 필요하다고 했다. 필요할 때는 각자 자기 자신으로 존재할 수 있는 공간이 있어야 한다는 뜻이었다.

아내의 생각은 옳았다. 이 방식은 우리에게 정말 잘 맞았다. 영국 소설가 버지니아 울프가 말했듯이, 결혼 생활에서는 아무리 멋진 밤을 함께 보낸다 해도 '자기만의 방'이 반드시 필요하다.

요즘 나는 친구들 없이 살 수 없다. 아프기 이전의 나를 알고 있고, 지금도 여전히 예전과 똑같은 나라고 늘 확인시켜준다. 한때 우리가 함께 살았던 옛 세상에 대한 추억을 공유하고, 비록 아무도 알아주지 않는다 해도 함께 세상을 바로 잡을 수 있는 이들이다.

우리는 서로의 생일과 자녀들까지 모두 알고 있다. 사연 많은 과거를 공유해왔고 어쩌면 미래도 공유할 것이다.

이런 친구가 있다면 꽉 묶어둬라. 아니면 한 달에 한 번 점심이라도 함께하자. 그는 금보다 귀한 존재다.

내가 정말 좋아하는 책 중 하나는 옥스퍼드대학교 진화심리학 교수 로빈 던바Robin Dunbar가 쓴 《던바의 수》다. 학술서지만 누구나 쉽게 이해할 수 있다.

던바는 인간이 유지할 수 있는 사회적 관계망을 연구했는데, 친밀도의 깊이에 따라 관계가 여러 층위로 구성된다고 보았다. 가장 가까운 사람은 약 5명, 깊은 정서적 지지를 주고받는 친구는 15명, 중요한 날에 초대할 만한 가까운 지인은 50명, 그리고 이름과 관계 맥락을 기억하며 사회적 관계를 유지할 수 있는 최대치는 150명이라는 것이다. 이 150이라는 숫자가 흔히 '던바의 수Dunbar's Number'로 알려져, 많은 조직이 프로젝트 팀 규모를 설계할 때 참고해왔다.

그러나 내 경험상 150명은 너무 많다. 물론 던바가 말한 150명은 사회적 관계 전체를 말하는 것이지만, 진짜 가까운 친구라는 기준으로 본다면 숫자는 훨씬 줄어든다. 나는 젊은 시절에 유지할 수 있는 진정한 친구는 7명 정도가 적당하다고 본다. 그리고 이 '7'을 최소 단위로 삼아 조직을 설계할 수 있다고 본다. 7명이 한 팀을 이루고, 그런 팀이 7개 모이면 49명이 된다. 이것이 내가 생각한 이상적인 조직의 최대 규모다. 만약 내 조직을 만든다면 구성원 수는 모두 7의 배수로 계획할 것이다.

7은 완벽한 숫자다. 어떤 집단에서든 필요한 다양한 기술과 재능을 가진 인원을 담아낼 규모면서, 동시에 구성원 모두가 오래 함께한다면 진정한 친구가 될 수 있을 정도의 인원수기 때문이다.

경기장에서 가장 뛰어난 팀을 보면, 선수들끼리 늘 좋은 친구 사이라는 점을 발견할 수 있다. 거의 보지 않고도 서로가 어디에 있는지, 공을 어디로 패스해야 할지 직감적으로 알아채는 사이다.

나는 직장에서도 마찬가지라고 생각한다. 최고의 팀은 우정으로 묶인 팀이다. 서로를 좋아하고, 잘 알며, 신뢰하고 도움을 줄 수 있는 사람들로 구성되어 있다. 그래서 나는 직장 동료들끼리 퇴근 후 함께 어울리면서 서로 잘 알아가기를 권한다. 그리고 그런 팀에게는 굳이 직함이 필요하지 않다고 믿는다. 이미 서로가 어떤 역할을 맡고 있고 무엇을 하는지 훤히 알고 있기 때문이다.

내가 아는 가장 행복한 직장은 초등학교다. 그곳의 아

이들은 모두 친구이기 때문에, 하나같이 행복한 표정으로 지낸다. 사실 나는 손주들이 학교를 좋아한다는 사실에 놀라서 내 과거를 털어놓았다.

"어렸을 때 나는 학교가 싫었단다."

하지만 그 아이들은 학교가 좋다고 말했다. 학교에는 친구들이 있고, 친구가 있는 곳이 곧 머물고 싶은 곳이기 때문이다.

그래서 우정은 무엇과도 바꿀 수 없을 만큼 소중하다. 당신에게도 꼭 맞는 친구가 있었으면 좋겠다. 적어도 가장 친한 친구 한 명은 꼭 있어야 한다. 그리고 그 친구와 함께 지낼 수 없다면 적어도 점심이라도 꼭 함께하자.

나와 타인에게
주의를 기울인다는 것

아내와 나는 한때 친구와 지인을 '라디에이터형'과 '배수관형' 두 부류로 나누는 놀이를 즐겨 했다. 라디에이터형은 주변 분위기를 따뜻하게 조성하고 함께 있는 시간을 점점 더 즐겁게 만들어주는 사람들이었다. 반대로 배수관형은 이름에서 짐작되듯 무언가를 쏟아내 우리를 지치게 만들고 기운을 쭉 빼놓는 사람들이었다. 흥미롭고도 예상 밖이었던 점은, 누가 어떤 유형에 속하는지가 우리가 생각했던 것과 꽤 달랐다는 사실이었다.

두 사람을 예로 들어보자. 빌이라는 친구는 자신을 신이 인류에게 준 선물로 여겼다. 그러나 그의 지루한 이야기와 썰렁한 농담을 주야장천 들어야 하는 우리에게는 점점 귀찮은 사람이 되어갔다. 결국 그는 배수관 같은 존재가 되었다. 반면 톰이라는 친구는 거의 말을 하지 않았지만, 유쾌한 기질로 주변에 활력을 불어넣어 별다른 말 없이도 우리 모두를 기분 좋게 만들었다. 그는 전형적인 라디에이터형이었다. 라디에이터는 보통 벽과 같은 색상으로 칠해져 있어서 눈에 띄지 않지만, 방 전체의 분위기를 바꾼다. 바로 톰이 그랬다. 어떻게 그럴 수 있었을까?

비슷한 시기에 나는 유명한 연극 연출가인 친구와 이야기하다가 물었다.

"훌륭한 연출가의 비결이 뭔가?"

그는 이렇게 답했다.

"간단해. 딱 한 마디지. '주의 깊게 볼 것.'"

나는 속으로 생각했다.

'연극 연출보다는 삶에 더 어울리는 말이네. 바로 톰이 하는 행동이기도 하고. 그는 항상 집중하거든.'

우리와 함께 있는 동안 톰은 내가 하는 말이든 아내가 사진에 관해 하는 말이든 온 마음을 다해 귀를 기울였다. 물론 나는 아내의 이야기를 수없이 들어온 터였다. 그러나 톰 앞에서 아내는 신이 나서 떠들었고, 나는 아내의 활기 넘치는 모습을 보는 게 즐거웠다. 톰은 거의 말하지 않고 그저 바라보고 들어주는 것만으로 그 일을 해냈다.

나도 톰을 따라 하려고 애쓴다. 하지만 진짜로 귀 기울여 듣는 일은 정말 에너지가 많이 든다. 이 책을 끝까지 읽고 곰곰이 생각하는 것도 꽤 피곤할 것이다. 혹시 내가 당신을 졸리게 만든다고 해도 사과하지 않겠다. 생각하고 주의를 기울인다는 것은 원래 그런 법이니까.

누가 배수관형이고 라디에이터형인지 재미 삼아 구분해보자. 하지만 입 밖에 내지는 말자. 상대방은 이해하지 못할 테니. 대신 자신은 어떤 유형이 되고 싶은지 정해보자. 유감스럽게도 당신 역시 조금은 배수관형에 가까울 수도 있다. 나 또한 사소한 생각들을 너무 장황하게 늘어놓는 편이다. 하지만 사실 나는 다른 사람들의 이야기를 들으면서 가장 좋은 아이디어를 얻곤 한다. 와인을 더 마시지 않고 정말로 집중해서 듣기만 할 때 종종 영감을 얻는다.

한편 나는 말하면서 스스로 배우기도 한다. 내가 본받고 싶은 인물 가운데 위대한 경영 사상가 피터 드러커Peter

Drucker가 있다. 그가 캘리포니아에 살았을 때, 어느 날 내가 물었다.

"피터, 그 모든 아이디어는 어디에서 얻는 겁니까? 당신의 머릿속은 언제나 현명한 생각으로 가득 차 있는 것 같아요."

그는 이렇게 대답했다.

"나는…(길고 긴 침묵) 내 말에 귀를 기울이면서 아이디어를 얻는다네."

처음에는 '참, 거만한 양반이네!'라고 생각했다. 그러다 문득 나도 그 방식을 하고 있다는 걸 깨달았다. 다만 나는 그걸 내 아일랜드계 혈통 덕분이라고 여길 뿐이었다. 아일랜드에는 이러한 속담이 있다.

'내가 무슨 생각을 하는지, 말해보기 전에 어떻게 알 수 있겠는가?'

우습게도 우리는 종종 스스로 놀랄 만큼 꽤 현명한 말을 내뱉을 때가 있다.

그러므로 흥분이 극에 달한 순간에도 자신에게 주의를 기울이자. 어쩌면 당신은 대단히 지혜로운 말을 하고 있을지 모를 일이다.

다른 사람들이 하는 말에 주의를 기울이는 것만으로도 라디에이터형의 사람이 될 수 있다. 그리고 자신이 하는 말에 주의를 기울이면 스스로 배우는 일도 가능하다. 결국 자신이 무슨 생각을 하는지 알려면 스스로 한 말을 들어봐야 한다. 한번 시도해보자.

내가 얻는 것만큼
상대방도 얻는 관계

 50년 전, 나는 셸의 말레이시아 남부 사업소 관리자로 근무했다. 본사에서는 그곳을 말라카 사업소라고 불렀다. 내 업무 중 하나는 우리 관할 지역에서 주유소를 운영하는 대리점주들과 거래 조건을 확정하는 것이었다. 그중 아직 마무리하지 못한 협상이 하나 남아 있었는데, 계약 대상은 내가 살던 아름다운 해안 도시 말라카에서 대형 주유소를 운영하던 아홍이었다.

 나는 아홍과 매우 친한 사이여서 계약에 문제가 있을 거라고는 전혀 생각하지 못했다. 그는 표준 계약 조건을 잘 알고 있었고, 나와 언쟁을 벌일 기색도 전혀 보이지 않왔다. 그럼에도 공식적인 논의는 필요했기에 어느 날 오후, 바다가 내려다보이는 환한 그의 사무실로 찾아갔다. 나는 그와 함께 모든 거래 조건을 살펴봤다. 중국인들은 사업 감각이 뛰어나다는 것을 잘 알고 있었기에, 그에게도 받아들일 만한 이점 하나는 제시해야 한다고 생각했다. 그래서 신용거래 조건을 더 유리하게 조정해주었고, 그는 크게 만족했다. 다만 물품 공급 시 적용할 할인율만큼은 양보하지 않기로 마음먹었고, 그 부분에선 선을 지켰다.

협상이 끝날 무렵, 우리는 서로 만족하고 있었다. 각자 조금씩 양보했고 원하는 바를 거의 얻어냈다. 우리는 악수를 나눴다. 그는 브랜디 한 병과 진저에일을 내놓았고, 우리는 미래의 번영을 기원하며 건배했다.

그러고 나서 나는 본사에서 필수로 서명하도록 요구한 공식 대리점 계약서를 꺼냈다. 셸의 로고가 잔뜩 찍힌 석 장 분량의 계약서였다. 방금 합의한 숫자를 기입한 뒤 그에게 건넸다.

아훙은 계약서와 나를 번갈아 보더니 물었다.

"이게 뭡니까?"

나는 우리가 협의한 대리점 계약서고, 서명만 하면 된다고 말해주었다. 그는 이렇게 말했다.

"글쎄요, 서명하고 싶은 마음이 들지 않네요. 당신이 나보다 더 유리한 조건을 챙겨서 법적 장치를 걸어두려는 것처럼 보이는군요. 저는 이것이 우리 사이의 신뢰를 깨뜨리는 행위라고 생각합니다."

나는 곧장 말을 받았다.

"무슨 말인지 잘 알겠습니다. 쿠알라룸푸르 본사에 이 문제를 전해보겠습니다. 다만 지금으로서는 이 계약서에 서명을 받는 것이 제 임무입니다. 관료주의적 측면이기는 하지만, 어디까지나 형식적인 절차일 뿐입니다. 우리 두 사람의 관계와는 아무 상관이 없어요. 당연히 나는 당신을 신뢰해요."

그러자 그가 말했다.

"중국에서는 이런 걸 쓰지 않습니다. 오래가는 계약이라면 모두가 기쁘고 만족해야 합니다. 그래야 지속되지요. 우리 둘 다 원하는 것을 얻어야 한다고 생각합니다."

나는 되물었다.

"맞는 말입니다. 우리도 그런 거 아닙니까?"

아홍이 고개를 끄덕이며 답했다.

"네, 그렇지요. 하지만 이 계약서를 내밀 때, 마치 당신이 나를 이겼다고 생각하는 것 같더군요. 그런 상황에서 제가 왜 당신을 믿어야 하지요?"

나는 계약서 때문에 우리의 좋은 관계가 틀어지지 않게 해달라고 부탁했다. 결국 그는 마지못해 서명했고, 나는 본사에 계약서를 제출하면서 그가 했던 말을 그대로 전했다.

그 후로 아이들과 식사 시간이나 잠자리에 들 시간을 협상할 때마다 아홍이 말한 중국식 계약이 생각났다. 지금도 누군가와 어떤 논쟁을 벌일 때면 그의 말을 떠올린다. 양쪽 모두 이겼다고 느낄 때 합의에 도달할 가능성이 큰 법이다.

내 삶의 모토는 "얻으려는 것을 먼저 주고, 신뢰하자"다. 그 덕분에 내가 좋은 결혼 생활을 할 수 있었다고 믿는다. 아내도 내 생각에 동의했을 것이다.

얻으려는 것을 먼저 주고 신뢰하자. 서명에 기대거나 법적 조치를 내세우지 말자. 변호사를 고용해야 한다면 이미 무언가 잘못된 것이다.

부디 당신이 고단한 협상을 많이 하는 일 없이 즐거운

시간을 보내길 바란다. 하지만 누군가와 다툴 일이 생긴다면 상대방도 당신만큼 얻어간다고 느끼게 하라. 그리고 상대방을 신뢰해야 한다. 만약 상대방을 신뢰할 수 없다면 그건 그들이 충분히 얻지 못했기 때문이다. 그렇다면 더 주자.

행운을 빈다. 신뢰는 좋은 관계를 낳고, 좋은 관계의 가치는 그 어떤 것과도 바꿀 수 없다.

정체성과 고정관념을 넘어
제대로 바라보기

오래전 나는 대학원 과정을 밟기 위해 미국 보스턴으로 유학을 갔다. 첫 일주일 동안은 신입생 열두 명이 모여 오리엔테이션을 했다. 낯선 곳에 적응해야 하는 만큼, 서로에 대해 알아두는 것이 모두에게 도움이 될 것이라는 취지였다.

우리는 시간표와 수업 방식, 각자 어떤 기대를 갖고 있는지, 어디에서 왔는지, 이 과정에서 무엇을 얻고 싶은지, 앞으로의 계획은 무엇인지에 대해 이야기를 나눴다. 대단히 유익한 시간이었다. 닷새쯤 지났을 때 담당 교수님이 이렇게 말했다.

"여러분은 거의 일주일을 함께 지냈습니다. 이제 서로를 어떻게 생각하는지 알아보는 것도 의미가 있을 것 같군요. 각자 종이 한 장을 꺼내 맨 위에 이름을 적고 옆 사람에게 돌리세요. 종이가 돌 때마다 그 이름의 주인에 대한 인상을 한두 단어로 적어주세요."

나는 이 작업이 상당히 위협적이라고 생각했다. 하지만 걱정할 이유는 없었다. 이곳에서 나는 이방인이었고, 그동안 거의 말도 하지 않았기 때문에 빈 종이를 돌려받을 거라고 확신했다.

그런데 말도 안 되는 일이 벌어지고 말았다. '찰스 핸디'라는 이름 아래 무려 스무 개의 댓글이 달린 것이다. '건방지다', '무례하다', '오만하다', '불친절하다', '속물이다', '상류층 출신이다', '자신이 우월하다고 생각한다'와 같은 내용이 계속 이어졌다.

'설마 내 얘기를 한 건 아니겠지?'

나는 생각했다.

'아, 무슨 일인지 알겠네. 억양 때문에 나를 영국인이라고 여긴 거야. 이건 그들이 생각하는 영국인의 이미지인 거고. 영국인에 대한 고정관념을 나한테 덧씌운 거네.'

화가 치밀어오른 나는 벌떡 일어나 책상을 내리치며 외쳤다.

"나는 영국인이 아니라 아일랜드인이야. 무슨 말인지 알겠어? 난 아일랜드 사람이라고. 영국인들은 우리를 정복했거나 정복하려고 했어. 나도 너희만큼이나 영국인을 싫어한다고."

그때 이후로 나는 새로운 모임에 들어갈 때마다 내가 영국인이 아니라 아일랜드인이라는 사실을 되도록 빨리 알리려 애쓴다. 그렇지 않으면 사람들이 영국인에게서 싫어하는 온갖 결점들을 내게 덧씌울 것이기 때문이다.

나는 대학원 동기들에게 이렇게 말했다.

"내 억양으로 나를 판단하는 거 알지만, 내 말 좀 들어봐. 나는 나, 찰스 핸디일 뿐이야. 내 출신지는 잊어버리라고. 나는 나만의 브랜드가 있고, 다른 민족의 국기 아래에서 행진하지 않아."

시간이 지나면서 동기들은 (내가 바라던 대로) 있는 그대로의 나를 좋아하게 되었다. 목소리가 웃긴 영국인 찰스도 아니고, 전혀 아일랜드인 같지 않은 아일랜드인 찰스도 아닌 있는 그대로의 나 자신을 말이다.

얼마나 성공적인 결과를 거뒀는지는 잘 모르겠다. 하지만 적어도 내 친구들은 내가 어떤 사람인지 알고, 고정관념에 휘둘리지 않는다. 그리고 나 역시 다른 사람들을 대할 때, 수십 년에 걸쳐 쌓인 막연한 느낌이나 판단으로 상대에게 부담을 주는 일이 없도록 애쓴다. 대신 그 사람을 대표하는 신념이 무엇인지, 어떤 가치로 살아가며 이 세상에 무엇을 기여하고 싶은지 알려고 노력한다. 그런 노력이 성공을 거둘 때 나는 평생의 친구를 얻은 것 같은 생각이 든다.

프라이버시의 경계를 조금 더 허문다면

나는 늘 사생활이 인간의 기본권 중 하나라고 생각했다. 그러나 그 생각은 이탈리아에 살게 되면서 흔들렸다. 우리는 한동안 이탈리아 토스카나주의 대형 주거단지에 속한 작은 숙소에서 지냈는데, 일종의 독채였다.

어느 여름, 햇볕 아래에서 힘겨운 하루를 보내고 기진맥진한 채 집에 돌아왔을 때였다. 잘 차려입은 신혼부부가 우리 집의 작은 잔디밭에서 사진을 찍고 있었다.

순간 기분이 확 상했다.

'어떻게 감히 지럴 수 있는 거지?'

화가 치밀어오른 나는 집 안으로 달려 들어가 막대기를

집어들었다. 그때 나보다 훨씬 마음이 너그러운 아내가 외쳤다.

"화내지 마요. 이제 막 결혼했잖아요."

나는 대답했다.

"아마도 그렇겠지. 하지만 저긴 우리 잔디밭이잖아."

나는 황급히 밖으로 나갔다. 신랑은 나보다 키가 훨씬 크고 영어도 능숙했다. 그가 말했다.

"폐가 되었다면 죄송합니다만, 제가 보기엔 당신은 영국 분이신 것 같군요. 아마 이탈리아 법을 잘 모르실 수도 있겠어요."

신랑은 말을 이었다.

"이탈리아에서 땅은 모두의 소유입니다. 선생님이 소유하고 있더라도, 다른 사람이 그 땅을 밟는 것을 막을 수는 없습니다. 그러니 선생님이 좋든 싫든 우리에게는 여기에 있을 권리가 있습니다. 우리가 선생님 땅을 침입했다고 느꼈다면 죄송하지만, 그게 이탈리아의 방식입니다."

밖에서 이런 대화를 나누고 있는 동안 아내는 주방에서 분주하게 움직였다. 내가 다시 들어오자 아내는 이렇게 말했다.

"내가 말했잖아요. 저 사람들한테 친절하게 대해야 한다고요. 나는 케이크를 좀 자를 테니 당신은 나가서 샴페인을 따요."

나는 아내가 시키는 대로 쟁반 위에 샴페인 잔을 챙겨 들고 그들의 축하 자리에 합류했다. 신부는 영어가 서툴렀고 나는 이탈리아어가 형편없었지만, 우리는 금세 친해졌다. 아마 샴페인 덕분이었을 것이다.

우리는 수없이 건배하면서 작지만 즐거운 파티를 유쾌하게 즐겼다. 떠나기 전, 신부는 환한 얼굴로 그들의 집에서 열리는 일요일 점심 가족 식사에 우리를 초대했다.

토스카나에서 가족과 함께하는 점심 식사는 일종의 의식과도 같다. 최소 다섯 코스의 요리를 먹고 그 지역에서 생산된 레드와인을 여러 병 마신다. 외국인 입장에서 그 자리에 초대받는 것은 큰 영광이어서 나는 주저하지 않고 수락했다. 현지에 사는 다른 가족을 알게 되는 것도 아주 좋을 테니 말이다.

우리는 약속한 일요일에 그 신혼부부의 집을 방문했다. 알고 보니 신부의 아버지는 그 지역의 경찰서장이었다. 앞으로 이곳에서 지낼 일을 생각하면 꽤 든든한 인맥이었다.

물론 점심 식사도 훌륭했다. 모든 것이 완벽하다고 할 만큼 좋은 자리였다.

돌아오는 길에 아내가 말했다.

"요즘에는 사생활을 너무 대단하게 여기는 것 같지 않아요? 우리는 오히려 이 지역의 영향력 있는 가족을 알게 됐고, 정말 멋진 시간을 보냈잖아요."

맞는 말이다. 지금 사회는 사생활을 과대평가하고 있다. 사생활을 지나치게 지키려 하면 자신과 주변 세상 사이에 벽을 쌓게 된다. 그 벽은 적대감을 불러오고, 때로는 의심이나 질투를 불러올 수 있다. 바꿔 말하면 이득보다는 치러야 하는 대가가 크다는 것이다.

의미 있는 크리스마스를
보내는 특별한 방법

크리스마스를 앞둔 어느 날, 우리 가족의 크리스마스 파티 계획을 완전히 다시 세워야 했다. 열두 살 난 아들이 대성당 성가대의 수석 성가대원이 되는 바람에, 크리스마스 당일 스케줄이 예배로 꽉 찼기 때문이었다. 결국 우리는 크리스마스 당일은 오로지 예배와 행사에 참여하는 데 집중하고, 다음 날인 박싱데이Boxing Day를 가족과 함께 보내며 선물을 나누기로 했다.

그렇게 우리는 계획이 수정된 크리스마스를 맞이했다. 처음에는 끝없이 그리스마스 캐럴을 듣는 하루라고 생각했지만, 그 노래를 부른 사람이 우리 아들이라는 사실에서 위안을 찾았다. 그리고 나서 우리는 선물을 가득 실은 자동차에 나머지 가족들을 태우고 노팩에 있는 우리 집으로 향했다.

도착하자마자 모두가 주방으로 몰려들어서는 오븐을 켜 음식 준비를 시작했다. 선물들은 크리스마스트리 아래에 차곡차곡 쌓였고, 본격적인 크리스마스 파티가 시작되었다.

기존의 계획이 갑작스레 수정되었지만 결과적으로 우리는 이 방식이 성공적이었다고 생각했다. 먹을 음식이나 즐길 행사를 생각하느라 크리스마스의 종교적 의미에 집중을 못하는 일은 없었기 때문이다. 의무를 다하고 나니 죄책감 없이 마음 편하게 크리스마스를 즐길 수 있었다.

하지만 그럼에도, 오래전 내가 어렸을 적에 아일랜드의 사제관에서 보냈던 크리스마스만큼은 아니었다. 그 시절 박싱데이는 부유한 농장주들이 내어준 음식, 채소, 초콜릿, 오렌지를 상자에 담아 더블린의 빈민가 교구에 전하러 가는 날이었다.

나는 상자를 현관까지 들고 가서 초인종을 누른 다음 몹시 어색한 모습으로 상자를 건넸다. 아마 그들은 매우 고마운 마음이었을 것이다. 항상 고개만 살짝 끄덕이며 "아, 고마워요"라고 말했지만 말이다. 그래도 우리는 그 일을 하며 꽤 뿌듯했다.

원래 영국에서 박싱데이는 사람들이 한 해 동안 기부한 것을 모은 헌금함을 열어, 그 안의 돈을 교구의 가난한 사람들에게 나눠주는 날이었다. 아일랜드식 박싱데이도 같은 원칙을 따랐다. 돈이 아니라 음식을 나눠준다는 것이 다를 뿐이었다.

당신도 가끔은 우선순위를 다시 생각해보면 어떨까 싶다. 크리스마스 당일은 종교를 위한 날로, 박싱데이는 가난한 이웃들을 위해 음식 꾸러미나 기부금을 준비하고 우리 자신을 위해 축하 식사를 하는 날로 정하는 것이다. 모두가 배부르면서도, 선한 일을 했다는 사실에 마음도 뿌듯해질 테니 말이다.

3장

일의 의미를 돌아보는 것
― 일과 기술에 관하여

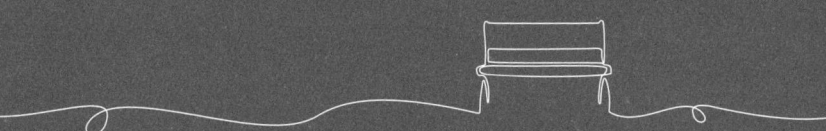

모든 사람이 스스로 결정을 내리며 자신의 일을 해나갈 수 있다면 지금보다 훨씬 신나는 세상이 될 것이다. 그러면 사회는 생동감으로 가득할 것이고, 가정도 더 활기차고 따뜻해질 것이다. 선택하는 행위는 성장과 발전에서 매우 중요한 부분이다. 물론 원한다면 조언을 구할 수 있다. 하지만 최종 결정은 자신이 내려야 한다.

벗어날 수 있는 자유와
할 수 있는 자유

그 깨달음이 언제 찾아왔는지 나는 정확히 기억한다. 말레이시아 남부, 말라카 인근의 아름다운 현지식 대저택에서 군복무 중인 친구들과 브리지 게임을 하던 중이었다. 그때 문득 이런 생각이 들었다.

'인생에서 내가 하고 싶었던 일은 이런 게 아닌데.'

당시 나는 셸의 말라카 지사장으로 일하고 있었는데, 실제 내가 하는 일은 주요 고객인 고무 농장주나 정부 부처 책임자들과 친분을 유지하는 정도였다. 그렇다 보니 해변에서 점심 접대나 저녁 파티를 끊임없이 해야만 했다. 물론 그 자체는 무척 즐거운 일이었다.

셸은 관대한 고용주였다. 그들은 내게 세계 여러 근사한 지역에서 근무할 수 있는 평생 직장에 더해, 은퇴 후에도 연금 형태로 계속 지급되는 넉넉한 급여를 보장했다.

나는 일종의 편안한 감옥에 갇힌 셈이었다. 그때 문득 이사야 벌린Isaiah Berlin이 떠올랐다. 그는 옥스퍼드대학교 교수임에도 강의도 많이 하지 않고 책도 많이 쓰지 않는, 베일에 싸인 인물이었다. 하지만 가끔씩 모습을 드러내 그 스스로 '지적인 안경intellectual spectacles'이라고 부른 시선을 인간의 특정 측면에 집중시켜 짧은 에세이로 발표하곤 했다. 그의 글들은 내가 사물에 대해 생각하는 방식을 근본적으로 바꾸어놓았다.

특히 내게 큰 영향을 준 글은 두 가지 유형의 자유에 대한 에세이였다. 그는 자유를 '무엇으로부터 벗어날 수 있는 소극적 자유'와 '무엇을 할 수 있는 적극적 자유' 두 가지로 구분했다.

말라카에서 안락한 생활을 누리던 그때의 나는 회사가 제공한 안전 구역에서 소극적 자유를 누리고 있었다. 두려움으로부터의 자유, 가난으로부터의 자유, 걱정으로부터의 자유, 그리고 내게 닥칠 수 있는 온갖 불행으로부터의 자유 말이다. 셸이 나를 돌봐줄 것이라는 사실을 알았기 때문이다.

문제는 '무엇을 할 수 있는 적극적 자유'가 거의 없었다는 점이다. 내 일은 셸의 말라카 사업소를 책임지는 것이었지만, 사실상 모든 일이 본사의 통제를 받고 있었다. 무언가를 제안할 수는 있었지만, 어떤 결정도 스스로 내릴 수 없었다. 셸은 끝없는 규정과 절차로 운영되었고, 말라카에 있는 우리 팀은 나 없이도 모든 일을 완벽히 처리할 능력이 있었다.

앞서 말한 것처럼 내 업무는 주요 고객들에게 끊임없이 와인을 따르고 그들과의 관계를 유지하는 것이었는데, 그것이 내가 인생에서 궁극적으로 하고 싶은 일은 아니었다. 나는 걱정으로부터 벗어날 자유는 있었지만 '걱정할 수 있는 자유'는 없었다. 일종의 자발적 포로가 된 셈이었다.

그해 말, 나는 결국 사직서를 내고 영국으로 돌아왔다. 귀국한 첫날 저녁, 아내와 함께 앉아 나눈 대화가 아직도 생생하다. 아내는 샴페인 한 병을 꺼내 오더니 이렇게 말했다.

"당신이 얻은 진정한 자유를 축하해야지."

나는 웃으며 대답했다.

"하지만 나는 고작 초등학교에서 어린아이들에게 라틴어를 가르칠 자격증밖에 없는걸. 그 일은 하고 싶지도 않고, 설령 한다고 해도 먹고살 정도는커녕 우리 강아지 밥값밖에 못 벌 거야."

그러자 아내가 말했다.

"나는 늘 책을 쓰는 교수를 남편으로 두길 바랐어. 당신이 그런 사람이 되는 건 어때?"

나는 대답했다.

"글쎄, 시도해볼 수는 있겠지만 어떻게 공부해본 적도 없는 분야의 교수가 될 수 있겠어. 게다가 생활비는 어떻게 마련하고?"

돈은 많이 필요하지 않다는 아내의 말에 나는 이렇게 대꾸했다.

"아무리 그래도 우리 강아지 먹일 만큼은 필요하잖아."

결국 아내는 런던경영대학원의 강의 자리를 알아봐주었고, 나는 책을 한 권 썼다. 그리고 그 뒤로 여러 권을 더 쓰게 되었다. 다만 그 모든 과정에는 긴 시간이 필요했고, 나는 종종 셸에서의 삶을 떠올리곤 했다. 햇볕 아래 앉아 여유롭게 쉬고, 저녁 파티를 열고, 골프를 치고, 책을 읽고, 친구들과 와인을 마시는 삶에 왜 만족할 수 없었을까?

어떤 이유에서인지 나는 '무엇으로부터 벗어날 수 있는 소극적 자유'로는 충분하지 않았다. 이 점을 10대 손주들과 그들의 미래에 관해 이야기할 때 설명해주곤 한다.

"안정적인 자리와 수입을 보장해주는 직업을 선택해서 '무언가로부터 벗어날 수 있는 자유'를 얻는 건 아주 매력적인 일이지. 하지만 그러고 나면 나처럼 좌절감을 느낄 수 있단다. 마음 깊은 곳에서는 결국 '무언가를 할 수 있는 자유', 즉 네게 더 잘 맞는 일을 할 자유를 원하게 될 테니까."

물론 그런 선택은 원하는 만큼의 돈을 벌지 못할 수도 있다. 그래서 자녀에게 바라는 만큼의 교육을 제공하지 못하거나 배우자가 좋아할 만한 집에서 살지 못할 수도 있다. 하지만 그 대신, 무슨 일이든 간에 자신이 진정으로 믿는 일을 하는 데서 오는 만족감을 얻을 수 있을 것이다.

벌린 교수가 말하고자 했던 핵심은 두 가지 자유를 동시에 가질 수는 없으며, 어느 하나를 선택해야 한다는 것이다. 사람들을 대개 압박을 이기지 못하고 '무엇으로부터 벗어날 수 있는 소극적 자유'를 선택하지만, 결국에는 좌절할 수 있다. 반대로 '무엇을 할 수 있는 적극적 자유'를 선택했다가 가난을 감수해야 하는 삶을 받아들이게 될지도 모른다.

나는 벌린 교수가 말한 이 딜레마를 당신에게도 전한다. 이에 대한 해답을 제시할 수 없다는 게 유감일 따름이다.

일의 대가를 결정하는 합리적인 기준

 일의 대가를 지급하는 방식에는 두 가지가 있다. 하나는 '임금'을 지급하는 방식으로, 그 임금은 상대방의 시간을 사는 것이며 그 시간에 무엇을 할지는 고용주가 지시한다. 다른 하나는 '수수료'를 지급하는 방식으로, 이 돈은 완료된 일의 최종 결과물에 대한 보수다.

 일례로, 나는 우리 집 청소 도우미에게 임금을 지불한다. 그녀가 오면 그녀에게 그날 해주었으면 하는 일을 알려준다. 사실 그녀는 대부분의 시간을 나와 함께 커피를 마시며 보낸다. 그 시간을 어떻게 쓸지 정할 권리는 내게 있고, 그녀에게도 즐거운 일이기를 바란다.

하지만 변호사의 경우는 다르다. 어느 날 아침 그는 전화로 내 유언장에 관해 이야기하더니 이렇게 덧붙였다.

"반려견에 대해 요청하신 사항이 합법인지 조사하느라 어제 근무 시간의 절반을 썼습니다. 그에 대한 청구서를 보내겠습니다."

나는 이렇게 대답했다.

"아니, 유언장이 전달되면 그때 비용을 지불하겠소. 언제 어떻게 조사하는지는 변호사 선생 스스로 결정할 일이라오. 서재에 창문을 내려고 하는데 건축업자가 치수를 재느라 시간을 보냈다고 중간에 청구서를 보내는 일은 없지 않소? 그런 건 최종 견적에 포함시켜야 할 일이지. 변호사 선생도 마찬가지요. 유언장이 만족스러운 상태로 작성되면 그때 수수료를 지불하겠소."

그는 이해하지 못했지만, 나는 내 원칙을 고수했다.

팬데믹 이후, 감독 없이 재택근무를 하는 사람이 더 많아졌다. 그러니 그들이 실제로 무엇을 하고 있는지, 아니 애초에 일은 하고는 있는지 확인할 방법이 없다. 하지만 이것은 새로운 근무 방식이 지닌 매력 중 하나다. 바로 각자가 원하는 시간에 자유롭게 일할 수 있다는 점이다. 한

밤중이나 이른 아침에 일할 수도 있고, 나처럼 소파에 누워 생각만 하고 있을 수도 있다.

그렇지만 무엇을 언제까지 할지는 여전히 명확히 정해야 하고, 상대방도 이에 동의해야 한다. 작업 시간이 포함된 청구서를 보낼 수도 있지만 그것은 전적으로 상대방의 선택이다. 작업 시간에 대해서는 한 푼도 청구하지 않는 대신, 지혜와 전문성에 대해 높은 비용을 청구할 수도 있다.

한 화가는 초상화를 의뢰한 고객에게 시간당 500파운드라는 비용을 과다 청구했다는 혐의로 기소되었을 때 이렇게 주장했다.

"시간당 500파운드라는 금액은 제가 평생에 걸쳐 쌓은 경험과 시행착오가 포함된 겁니다."

내가 의뢰인들에게 수수료를 청구하는 것도 마찬가지다. 그들은 내가 수많은 실수를 거쳐 쌓아온, 소위 지혜를 사는 것이다.

집에 페인트칠을 하러온 도장공에게는 작업이 끝난 뒤 최종 결과물에 대한 대가로 '수수료'를 지급해야 한다. 그렇다고 해서 일해야 할 시간에 정원에서 친구와 전화로 수

다를 떨더라도 불평할 권리가 없다는 뜻은 아니다. 그가 작업하는 내내 충실히 일하기를 바란다면 시간을 사는 대가인 '임금'을 지불해야 한다. 하지만 그런 다음 직접 작업자들의 출입을 감독하고 확인해야 하는데, 이는 엄청난 시간 낭비가 될 수 있다. 재택근무의 가장 큰 장점은 원하는 일을 원하는 시간에 자유롭게 할 수 있다는 것이다. 모든 것이 수수료 산정에 이미 반영되어 있고, 그렇게 하면 결과적으로는 모두가 만족할 수 있다.

도장공에게 수수료를 지불할지 임금을 지불할지 잘 생각해보자. 임금을 지불한다면, 작업을 감독할 책임은 당신에게 있다. 반면 수수료를 지불한다면, 완성된 결과물이 마음에 들지 않을 경우 비용을 지불하지 않아도 된다. 수수료인지 임금인지 선택해야 한다.

일의 미래,
단독 근무의 즐거움

요즘 들어 실업률이 다시 상승하고 있다. 약 40년 전, 실업률이 지금처럼 높던 시기가 있었다. 당시 나는 《일의 미래The Future of Work》라는 책을 막 출간했다. BBC는 같은 주제로 라디오 프로그램을 준비하고 있었고, 지금보다 훨씬 젊은 때의 앤드루 마르 기자를 보내 나를 인터뷰하게 했다.

그 책에서 나는 일자리를 원하는 사람의 수에 비해 일자리가 충분하지 않지만, 여전히 세상에는 해야 할 일이 산더미처럼 많다고 주장했다. 우리는 그 일을 직접 찾아 저마다 작은 사업을 시작해야 하며, 이미 그런 움직임이 일어나고 있다고 지적했다. 나는 20년 안에 자영업자 수가 실업자 수를 넘어설 것으로 보았고, 그렇게 되면 문제는 해결될 것이라고 생각했다.

앤드루 기자는 열심히 듣고 있었지만, 내가 말을 이어갈수록 점점 믿기 어렵다는 표정을 지었다. 그는 인터뷰를 마무리하며 이렇게 말했다.

"지금까지 자영업자 수가 실업자 수를 훨씬 넘어설 것이라고 믿는 찰스 핸디였습니다. 그런데 인터뷰하는 동안 창밖을 보니 돼지 떼가 하늘을 날고 있더군요."

즉, 내 말이 공상에 가깝다는 뜻이었다. 당시 나는 그의 말이 옳을 수도 있다고 생각했다. 나는 셸에서 안정적인 일자리를 얻은 것이 얼마나 행운이었는지를 떠올렸다. 그리고 셸 면접관들을 대면했을 때를 기억해냈다. 그들은 내 학위를 별로 대단치 않게 여겼다. 그들에게 내 학위란 생각은 잘 정리되어 있지만 화학이나 경영처럼 실제로 유용한 지식은 하나도 없는 텅 빈 머리를 의미할 뿐이었다 그런데 내가 방학 동안 했던 일을 이야기하자 그들은 솔깃한 표정을 보였다.

나는 내 방에 중고 아다나Adana 인쇄기 한 대와 금속활자 두 벌을 들여놓고 소규모 인쇄 사업을 시작했다. 주로 대학 친구들이 부모님에게 보낼 초대장이나 편지지를 제작했다. 이 사업으로 큰돈을 벌지는 못했지만 옥스퍼드에서의 시간이 훨씬 즐거워졌고 술자리를 즐길 여유도 생겼다. 내 이야기를 듣는 면접관들이 어떤 생각을 하는지 눈에 보였다.

'오호, 미래의 사업가가 여기 있군. 우리는 이런 인물이 더 필요해.'

그들은 격려하듯 미소를 지어 보이더니 싱가포르 지사에서 근무해보지 않겠느냐고 제안했다. 그리고 나는 1년 뒤 싱가포르로 향했다. 하지만 그곳에서 사업가처럼 일할 수는 없었다.

두 해 동안 고액 연봉을 받으며 일하긴 했지만, 나 자신이 또 다른 거대 관료조직의 일원에 지나지 않는다는 사실을 깨닫고 나만의 사업을 운영하던 자유가 그리워졌다. 그래서 셸을 떠나 교수로서 학구적 삶을 시도해보기로 결심했고 이후 4년 동안 영국성공회의 여러 기관에서 일했다.

나는 영국성공회 기관들이 자애로운 조직인 만큼, 내가

더 혁신적으로 일할 자유를 허락해줄 것이라고 기대했다. 하지만 실망스럽게도, 이 기관들 역시 셸처럼 관료주의에 얽매여 있었고, 내가 조금이라도 다른 방식으로 생각하는 것을 막는 것이 평생의 과업인 듯한 사람들로 채워져 있었다.

나는 아내의 격려에 힘입어 내가 늘 설파해온 것을 직접 행하기로 결심했다. 급여와 사택을 포기하고 프리랜서 작가이자 강연자로 나선 것이다.

프리랜서 작가나 배우만큼 불안정한 직업도 없다. 나 역시 한동안은 고군분투했다. 그러나 결국에는 이 직업에 만족하게 되었고, 셸에서 받았던 연봉보다 훨씬 많은 돈을 벌게 되었다.

그래서 나는 누구나 한 번쯤은 혼자서 날아보는 시간을 가져보라고 권하고 싶다. '단독 비행'을 시도해보는 것이다. 막상 시작해보면 바깥 날씨가 보기만큼 춥지 않다는 것을 알게 된다. 다만 만약 마흔이 넘었다면 이륙하기 전에 주택담보대출부터 갚아두는 것이 좋겠다. 혹시 모르니 말이다.

나는 지금 세상에서도 그때와 비슷한 일이 벌어질 거라

생각한다. 점점 더 많은 사람이 자영업자로 나서게 될 테고, 그렇게 일하는 것이 꽤 즐겁다는 사실을 발견하게 될 것이다. 굳이 상사가 있을 필요는 없다. 꼭 한번 시도해보기를 권한다.

장인에게 배운
완벽한 근무법

 요즘 들어 점점 더 많은 사람이 내가 '안식년sabbatical'이라고 부르는 방식으로 재택근무를 하는 데 익숙해지고 있다. 그래서 예전처럼 사무실에 출근해 정해진 시간에 근무하는 방식으로 다시 돌아가고 싶어 하지 않을 것이다.

 사실 나는 이와 정반대의 방식, 즉 '옥스퍼드식'이라 불렀지만, 더 정확히 말하면 '군대식'에 해당하는 방식으로 오래도록 일해왔다.

 런던경영대학원에서 행정직으로 일하던 때였다. 어느 날 아내가 자기 아버지와 같이 식사하자며 점심시간에 집에 들러달라고 부탁했다. 퇴역 대령이었던 장인은 내게 약간

위압적인 분이었지만, 당시 나는 순종적인 남편이었으므로, "물론이지"라고 대답했다.

나는 12시 30분쯤에 집에 도착했고, 2시가 되자 자리를 뜨기 위해 변명을 늘어놓기 시작했다.

"정말 죄송합니다만, 다시 사무실에 돌아가야 합니다."

그러자 장인이 의아한 표정으로 나를 바라보며 말했다.

"세상에나, 설마 오후에도 일한다는 말은 아니겠지?"

그는 이어서 자신의 군 장교들의 일상에 대해 설명했다. 군대에서는 아침 일찍 기상해서 오전에 군사 훈련 등 그날 해야 할 일을 모두 끝낸다고 했다. 그리고 점심에는 핑크진 칵테일을 두 잔 마신 뒤, 오후에는 조랑말을 타거나 체력 운동을 하거나 스포츠를 즐기고, 저녁에는 부대 내 클럽에서 사람들과 어울린다는 것이다. 그는 그런 생활이 매우 균형 잡힌 삶을 만들어준다고 말했다.

그래서 나도 그 방식을 따라 해보기로 마음먹었다.

오전에 집중해서 일하고, 점심시간에 가볍게 한잔하고, 오후에는 운동을 했다(요즘에 하는 운동은 정원을 한 바퀴 도는 정도지만). 그리고 저녁에는 예전만큼 열심히는 아니지만 사람들과 어울렸다.

이 생활 방식은 생각보다 훨씬 효과적이었다. 군대 경험이 없는 나는 이를 '옥스퍼드식 근무 시간'이라고 불렀다. 기본적으로 대학 시절에도 그런 식으로 생활했기 때문이다. 오전에 수업을 듣고, 오후에는 운동이나 과외 활동을 하고, 저녁에는 친구들과 어울리고, 잠을 잔 뒤 다시 다음 날 아침에 수업을 듣는 방식 말이다.

균형 잡힌 삶을 살기 위해 충분히 합리적인 방식이라는 생각에 당신에게도 추천한다. 물론 장인이 아니었어도, 나는 그의 딸과 함께 있을 충분한 시간을 확보했을 테지만 말이다.

나의 시간을 되찾는
청킹 방식을 실현하라

나는 근무 시간을 중심으로 돌아가는 내 삶의 방식에 점점 더 좌절감을 느꼈다. 주 5일 근무, 이틀짜리 주말, 15일의 연차 휴가. 이렇게 일하는 주중은 너무 길고 휴식하는 주말은 너무 짧은, 이상하게 나뉜 삶을 과연 어떻게 살아야 할까?

그러다 머릿속으로 계산을 해봤다. 근로계약서를 기준으로 주말과 연차 휴가, 여기에 공휴일까지 합치면 1년에 100일이 넘는 개인 시간을, 그것도 유급으로 갖고 있다는 사실을 깨달았다. 다만 그 시간이 평일, 주말, 공휴일 등으로 잘게 쪼개져 있을 뿐이었다.

그래서 나는 이 시간들을 모아 정기적으로 일주일에 주중 하루는 쉬고 싶다고 밝혔다. 보통은 월요일에 쉬되 필요에 따라 바꿀 수 있게 하고, 사용하지 않은 휴일은 적립하기로 했다. 그렇게 하면 열흘 정도의 휴가를 만들 수 있으니, 부담 없이 다른 도시로 여행을 떠나 활력을 되찾을 수 있을 것 같았다. 이 새로운 근무 방식을 나는 '청킹chunking'이라고 이름 붙였다. 말 그대로 시간을 덩어리로 나누어 관리하는 방식이다. 이 새로운 방식을 실행했을 때, 비로소 나는 해방감을 느꼈다. 가장 소중한 자원인 '나만의 시간'을 직접 통제할 수 있었기 때문이다.

물론 근무 시간에는 그만큼 유용한 일에 집중해야 했다. 하지만 아리스토텔레스가 항상 말했듯이, 인간은 자신이 가장 잘할 수 있는 일을 다른 사람을 위해 할 때 제일 행복하다. 나는 어떻게든 그렇게 하려고 애썼다. 그 결과 내 시간과 행복을 스스로 관리하게 되었다.

그런데 왜 우리 중에는 그렇게 하는 사람이 많지 않을까? 왜 우리는 사회가 정해놓은, 일과 여가의 구분을 당연하게 받아들이는 걸까? 왜 우리는 자신이 원하는 방식이 아닌, 사회가 원하는 방식에 맞춰 살아야 할까?

나는 시간을 쪼개 사용하는 방식, 즉 청킹에 전적으로 찬성한다. 이것은 시간뿐 아니라 다른 것에도 적용할 수 있다. 예컨대 나는 시골에서는 명상과 글쓰기를 하고, 도시에서는 사람들과 어울리고 문화생활을 즐긴다. 아내와 나는 집안일도 청킹 방식으로 나누었다. 시골에 있을 때는 내가 살림과 요리를 담당했고, 런던에 있을 때는 아내가 그 일을 맡았다. 우리는 맛있는 요리를 만들기 위해 즐겁게 경쟁하곤 했다.

스스로 원하는 방식으로 청킹 방식을 실현해보자. 인생은 당신의 것이다. 반드시 당신 스스로 통제할 수 있어야 한다.

리더에게 필요한 덕목,
친절과 권위 사이

친절은 미덕일까, 아니면 약점일까? 나는 아일랜드 시골의 성공회 사제 아들로 자라며, 나보다 어려운 처지의 사람들에게 친절해야 한다고 배워왔다. 현관 벨이 울리면 아버지는 늘 이렇게 말씀하셨다.

"항상 문을 열어주어라. 누군가 도움이 필요해 찾아왔을지 모르니."

나는 그런 마음가짐이 좋았고, 지금도 그것이 옳다고 믿는다.

내 친구 게이 해스킨스가 얼마 전에 《리더십에서의 친절Kindness in Leadership》이라는 책을 출간했다. 그는 리더들에게 가장 부족한 덕목이 바로 '친절'이라고 지적했다. 하지만 친절과 리더십을 동시에 갖춘다는 것은 생각만큼 쉽지 않다. 나는 그 사실을 직접적인 경험을 통해 깨달았다.

셸에서 근무하던 시절, 리더로서의 내 첫 업무는 보르네오섬에 있는 현지 자회사를 운영하는 일이었다. 나는 팀의 모든 구성원에게 친절하고 다정하게 대하려고 무던히 애썼다. 그러나 싱가포르 본사에 있는 내 상사들의 반응은 시큰둥했다. 그들은 나를 전설 속 중국 장군에 비유했다. 그 장군은 부하들에게 이렇게 말했다고 한다.

"나는 너희의 지도자다. 그리고 나는 너희의 바로 뒤에 있다."

상사들은 이런 충고를 덧붙였다.

"자네는 머리만으로 사람을 이끌 수 있다고 확신하는군. 하지만 뒤에서 조용히 생각만 해서는 리더가 될 수 없어. 더군다나 팀원들 뒤편에 숨어서는 절대 팀을 이끌 수 없지. 리더는 앞에 서서, 팀원들에게 바라는 모습을 직접 보여줘야 해. 차이를 만드는 건 지능이 아니라 인격이야."

하지만 나는 실패했다. 본사는 2년 만에 나를 런던으로 불러들였고, 나는 친절과 리더십을 겸비한 사람들, 혹은 그래야 할 사람들에 관해 글을 쓰는 데 몰두했다. 솔직히 말해, 뒤에서 어설프게 리드하려 애쓰는 것보다 안락의자에 앉아 글을 쓰는 편이 훨씬 편했다.

만일 지금 그때와 같은 말을 들었다면, 아마 나는 조 바이든을 예로 들었을 것이다. 그는 정치인으로서 꽤 성공했지만 동시에 친절한 사람이었다. 내 미국 친구들은 그를 두고 "좋은 사람이긴 하지만, 따분해"라고 평하곤 했다. 하지만 운 좋게도 그는 말과 행동을 아낄수록 오히려 더 많은 이의 호감을 샀다. 그의 기본적인 정체성은 예나 지금이나 '친절'이었다.

나는 친절의 필요성에 대한 게이의 견해에 깊이 공감한다. 친절이 비즈니스에서도 더 좋은 성과로 이어진다는 사실이 입증되면 좋겠지만, 안타깝게도 현실은 그렇지 않다. 최근 수십 년간 미국 경영계의 거장이라 불린 두 사람, 제너럴 일렉트릭의 잭 웰치와 애플의 공동 창업주 스티브 잡스만 봐도 알 수 있다.

잭 웰치가 이끌던 시절의 제너럴 일렉트릭은 미국에서 가장 규모가 크고 수익성이 높은 제조업체였다. 그는 기업 인프라에는 아무런 해를 끼치지 않으면서 대규모 인력을 해고하는 능력 때문에 '중성자탄 잭Neutron Jack'이라고 불렸다. 그는 이른바 '10퍼센트의 규칙'을 고집했는데, 어떤 부서든 상위 10퍼센트는 보상하거나 승진시키고, 하위 10퍼센트는 해고하는 방침이었다. 그는 "그렇게 해야 직원들이 항상 긴장감을 유지한다"라고 말했다. 하지만 직원들을 끊임없이 긴장하게 만드는 것은 바람직한 일도, 친절한 일도 아니었다. 물론 반대급부도 있었다. 해고된 직원들을 경쟁사에서 앞다퉈 채용한 것인데, 경쟁사들이 '중성자탄 잭'의 경영 방식을 자사에 도입하기를 원했기 때문이다.

다음으로 스티브 잡스 이야기다. 그는 함께 일하기 어려운 사람으로 악명 높았으며, 자신과 의견이 같지 않은 사람을 냉대하고 괴롭히기도 했다. 하지만 동시에 그는 천재였다. 그의 상상력과 아이디어 그리고 궁극적으로 그가 만든 제품들은 그의 약속대로 지구상 거의 모든 사람의 삶과 일하는 방식을 바꿨다. 사람들은 내게 애플에서 일하는 건 정말 짜릿한 경험이라고 말했다. 단, 당사자인 그와 너무 가까워지지만 않는다면 말이다. 그러나 내 경험으로는 '짜릿하다'는 건 편안하거나 즐거운 삶과는 거리가 멀다.

셸의 상사들은 내가 제1차 세계대전에 참전한 중위처럼 행동하기를 원했다. 권위의 상징인 작은 지휘봉을 겨드랑이에 낀 채, 적의 포화 속에서 부하들을 참호 밖으로 이끌고, 그들이 죽음의 문턱까지 내 뒤를 따르는 모습을 기대했다. 만약 그걸 '친절'이라고 한다면, 미안하지만 그런 친절은 사양하겠다.

그렇다면 우리는 어떻게 해야 할까? 이 모든 경험을 통해 내가 깨달은 건 명확하다. 사람은 결국 각자 자신의 성향대로 행동한다는 것이다. 성공한 리더 가운데 다른 사람을 친절하게 대하는 사람이 있는가 하면, 그렇지 않은 사람도 있다. 나는 천성적으로 사람들에게 친절한 편이다. 이미 말했듯이 내가 자란 방식이 그렇다. 넘어지는 사람을 보면 일으켜 세워주는 것이 내 삶의 철학이다. 지금도 나는 이렇게 말한다. 빵 한 조각이라도 나누고, 길을 떠날 수 있도록 도와주라고. 그리고 그가 스스로 큰 꿈을 품고, 가진 재능을 최대한 발휘하도록 격려해주라고.

또한 조직은 나 자신을 위해서가 아니라 다른 사람들의 이익을 위해 존재해야 한다. 이것이 내가 가장 중요하게 생각하는 원칙이다. 내가 대접받고 싶은 만큼 남을 대하고,

사람들을 공정하게 대하자. 나보다 어려운 처지에 놓인 사람들을 위해 일하자. 아이들에게도 가르쳐야 한다. 형편이 어려운 사람에게는 너그럽게 베풀되 자신보다 잘난 사람을 질투하지 말라고.

나는 지금도 조직 내에서 엄격한 리더보다 친절한 리더가 낫다고 생각한다. 특히 엄격하다는 말이 누군가를 절망으로 몰아넣는 뜻이라면 더욱 그렇다.

세상을 바꾸는 힘의 방향은 나에게 달려 있다

얼마 전 《이코노미스트》에서 읽은 기사 하나가, 아무리 미미해 보이는 사람이라도 생각보다 훨씬 큰 영향력을 행사할 수 있다는 사실을 새삼 상기시켜주었다.

그 기사는 에식스에 거주하는 어느 주민이 에식스 해안에 건설될 예정이던 풍력발전단지의 건축 허가를 홀로 막아낸 과정을 다루고 있었다. 그는 정부의 사업 심사 과정에서, 풍력발전단지가 개인의 조망권에 어떤 악영향을 줄지에 대한 본인의 민원이 고려되지 않았다며 이의를 제기했고, 결국 사업은 중단되었다. 다시 말해 한 명의 주민이 거대한 풍력발전단지 건설 프로젝트를 무산시킨 것이다.

이는 우리에게 아무리 평범한 사람도 '스패너를 던져 기계를 멈추게 할 만큼의 힘'이 있다는 사실을 일깨워준다.

예를 들어 조직을 방문했을 때, 안내 데스크 직원이 당신이 만나야 할 담당자를 고의적으로 연결시켜주지 않을 수 있다. 혹은 비 오는 날, 버스 기사가 단지 기분이 언짢다는 이유로 문을 열어주지 않고 당신을 길가에 세워둘 수도 있다.

나 역시 그런 일을 한 적이 있다. 셸 본사의 '유럽 지역 마케팅부'라는 거창한 이름의 부서에서 근무할 때였다. 내 업무는 유럽 각국의 지사에서 올라오는 온갖 문서를 해당 부서에 전달하는, 사실상 우체국 직원과 다를 바 없는 일이었다. 하지만 그 자리에도 나름의 권한이 있다는 사실을 곧 깨달았다. 어느 날 이탈리아 지사가 폼페이 유적지 근처 나폴리만에 정유소를 짓겠다는 신청서를 보내왔다. 나는 경이로운 역사 유적이 대규모 산업 단지에 가려진다는 생각에 너무 화가 나서 행동에 나섰다.

물론 내게는 승인 여부를 결정할 권한이 없었다. 내가 해야 할 일은 단지 그 문건을 이사회에 올려 결재를 받도록 전달하는 것이었지만, 그날 나는 다른 선택을 했다. 열장에 달하는 제안서를 갈기갈기 찢어서 휴지통에 버린 것이다.

물론 그 이탈리아 지사의 회장이 셸 이사회에 직접 연락을 취해 결국에는 정유소 건설 승인을 받아냈다. 하지만 그 결정이 내려지기까지 약 석 달이라는 시간이 걸렸다. 나는 그 석 달 동안 정유소로 인해 폼페이 지역과 아름다운 나폴리 만이 부식되는 위험을 막아냈고, 퇴근 후 내 힘으로 이를 이루어냈다는 성취감을 안고 집에 돌아갔다. 나는 변화를 만들어냈다. 그것도 긍정적인 변화를.

하지만 만약 그 변화가 부정적인 것이라면 어떨까? 아무리 낮은 직급이라고 해도 누구든 '스패너를 던져' 일의 흐름을 방해할 수 있다. 때로 사람들은 세상이 지겨워서, 누군가 무례하게 굴어서, 혹은 그저 머리가 아프거나 날씨가 좋지 않아서 그렇게 한다.

조직 내에서 그런 부정적인 힘이 작동하지 않게 하는 방법은 하나뿐이다. 모든 구성원이 부정적인 영향력이 아닌 긍정적인 영향력을 발휘할 수 있도록 하는 것이다. 사람들에게 긍정적으로 기여할 수 있는 자유를 허락하지 않으면, 결국 부정적인 영향력을 행사하게 된다. 그편이 더 쉽기 때문이다.

  그러므로 생각해보자. 당신의 조직에서 부정적인 권력은 어디에서 비롯되는가? 그리고 그 힘을 쓰지 않으려면 무엇이 필요할까? 어떻게 해야 부정적 힘이 아닌 긍정적 힘을 갖고 있다고 느낄 수 있을까? 우리 조직의 구성원들은 긍정적 힘을 가지고 있는가? 혹시 부정적 힘만 갖고 있지는 않은가?

  곰곰이 생각해보자. 우리 모두에게는 세상을 바꿀 수 있는 힘이 있다. 그 힘이 어떤 방향으로 쓰일지는, 오직 우리 자신에게 달려 있다.

실수를 허락하는
조직의 힘

자전거 타는 법을 배우려고 애쓰는 어린 손자의 모습을 지켜보며 마음이 조마조마했던 기억이 아직도 생생하다. 잔디밭이라 다행이었지만, 녀석은 계속 넘어지고 또 넘어졌다. 그럼에도 일어나 다시 페달을 밟았다.

그러던 어느 순간 손자가 나를 올려다보며 말했다.

"할아버지, 제발 가주세요. 할아버지가 있으니까 방해가 돼요. 나 혼자 하고 싶어요."

나는 이렇게 답했다.

"그래, 네 말이 맞다. 실수는 남모르게 하고, 성공은 사람들이 보는 앞에서 자랑해라."

묘하게도 그 순간 해병대의 훈련 방식이 떠올랐다. 해병대는 모든 훈련 과정을 마친 뒤 반드시 사후 점검 회의를 여는데, 그 자리에는 몇 가지 규칙이 있다. 첫 번째 규칙은 비밀 유지다. 회의실에서 나온 이야기는 절대 밖으로 새어 나가서는 안 되며, 누설이 적발되면 엄중한 처벌을 받는다.

두 번째 규칙은 기록 금지다. 회의 내용은 어떤 형태로도 문서화하지 않는다. 이 두 가지 규칙은 솔직하고 개방적인 대화를 보장하기 위해 존재한다.

그리고 마지막 규칙이 있다. 훈련 과정에서 발생한 실수에 대해 동료들끼리라도 비난하거나 농담으로라도 놀려선 안 된다. 이 세 번째 규칙에 따라 모두 자리에 앉아 자신이 저지른 실수를 털어놓는다. 하지만 아무도 탓하지 않는다. 대신 함께 의논하고, 서로의 실수를 통해 배운다. 그리고 인사 기록에는 심각한 실수일지라도 실수에 관해선 단 한 줄도 남지 않는다. 오직 성취 기록만 남을 뿐이다.

내가 셸에 입사했을 때, 그들은 해병대와는 사뭇 다른 방식으로 구성원들을 교육하고 있었다. 회사는 신입 사원인 나를 곧장 깊은 물에 던져넣었다. 그러더니 서른 살이 되자마자 먼 타국에 보내 독립적으로 조직을 맡게 했다. 그곳에서는 설령 내가 실수를 저지르더라도 눈치챌 사람이 없었다. 본사에서 누가 찾아올 일도 최소 10년은 없을 터였다. 이 말인즉, 실수를 바로잡을 시간뿐 아니라 상사에게 내세울 만한 성과를 쌓을 시간도 충분했다는 뜻이다. 실제로 나는 그렇게 했다.

셸의 접근 방식은 해병대와 전혀 달랐지만, 다행히 내게는 같은 결과가 주어졌다. 내 인사 기록에는 내가 저지른 끔찍한 실수는 전혀 없이, 오직 매출 증대를 이끈 놀라운 성과에 대한 기록만 남았다.

나는 해병대처럼 하지 않는 조직이 많다는 사실이 늘 놀랍다. 대체로 사람들은 질책을 당하거나 불이익을 받을 것이 두려워 자신이 저지른 실수를 인정하지 않는다. 때로는 자신의 실수를 다른 사람 탓으로 돌리거나, 들키지 않으려고 온갖 변명을 늘어놓는다. 하지만 모두 상황만 더 복잡하게 만들 뿐이다.

만약 자신이 저지른 실수를 기꺼이 인정할 수 있는 환경에서 일한다면 어떨까? 무엇이 잘못되었는지 논의하고, 다른 사람의 의견을 듣고, 그 실수로부터 배우는 게 가능해질 것이다. 그리고 결국에는 사람들 앞에서 자랑할 만한 성공도 만들어낼 것이다. 내 손자가 그랬듯이 말이다.

당신이 저지르는 모든 실수에 행운이 따르길 바란다.

스스로 결정할 자유를
가로채지 않게 하라

라틴어에서 유래한, 길지만 매우 중요한 영어 단어가 있다. 바로 '보조성'을 뜻하는 'subsidiarity'다. 발음해보고 철자도 써보면서 꼭 기억해두기를 바란다. 간단히 말하자면 이 단어는 윗선의 권한을 아랫선에 맡기는 '위임delegation'이라는 개념을 좀 더 길고 복잡하게 표현한 것이라고 할 수도 있다. 하지만 보조성은 단순한 위임보다 훨씬 더 깊은 의미를 담고 있다.

보조성은 가톨릭 사회교리의 중요한 원칙이기도 하다. 이때 보조성은 '상위 기관이, 본래 하위 기관이 스스로 내릴 수 있는 결정을 대신하는 것은 도덕적 질서에 어긋난다'는 의미를 지닌다. 다시 말해 결정은 가능한 한 현장과 가까운 곳에서 내려져야 한다는 뜻이다.

예를 들어 정부가 교사에게 어린아이들에게 가르치는 방식을 일일이 지시해서는 안 된다. 그것은 교사가 해야 할 일이기 때문이다. 만일 교사가 그 일을 잘 해내지 못한다면, 정부는 간섭하기보다 교사가 필요한 교육과 훈련을 받을 수 있도록 돕는 역할을 해야 한다.

코로나19 팬데믹 후반기에 영국 정부가 취한 조치가 좋은 사례다. 영국 정부는 국민에게 공공장소에서 마스크를 착용할 것인지, 실내외 모임을 허용할지를 스스로 결정하도록 권고함으로써 보조성의 원리를 실행했다. 매우 옳은 접근이었지만, 아마도 많은 국민은 그것이 도덕적 선택의 문제인지는 깨닫지 못했을 것이다. 중요한 점은 개인의 선택권을 빼앗지 말아야 한다는 것이다.

열 살 무렵의 일이 아주 생생하게 기억난다. 그날 나는 누구의 도움 없이 혼자 하교를 했다. 아일랜드의 시골길이었고, 집까지의 거리는 800미터도 되지 않았다. 아버지가 자전거를 타고 뒤따라오고 있다는 것을 어렴풋이 눈치챘지만 어쨌든 혼자 해냈고, 집에 도착했을 때는 특별한 케이크가 차려져 있었다.

내가 부모가 되어 런던에서 아이들을 키울 때, 우리 부부는 아이들이 버스를 타고 스스로 등하교하는 것을 허락했다. 대신 혹시 모를 상황에 대비해 집 주소와 전화번호가 적힌 이름표를 달게 했다. 아이들이 무사히, 그리고 제시간에 집에 돌아오면 그날은 차와 함께 더 특별한 케이크를 주었다. 아이들 스스로 결정하고 책임을 졌기 때문이다.

이후에도 비슷한 일은 계속 이어졌다. 아이들이 자라 연애를 시작했을 때, 사실 끼어들고 싶은 마음이 굴뚝같았지만 그들의 결정과 선택에 간섭하지 않으려 매우 조심했다. 아이들이 부모가 되었을 때도 마찬가지였다. 초보 부모로서 어떻게 행동해야 하는지 조언해주고 싶었지만, 다른 사람의 의무나 선택을 대신하는 것은 부도덕하다는 것을 떠올리며 자제했다.

모든 사람이 스스로 결정을 내리며 자신의 일을 해나갈 수 있다면 지금보다 훨씬 신나는 세상이 될 것이다. 모두가 자신이 가장 좋아하는 일을 한다면 사회는 생동감으로 가득할 것이고, 가정도 더 활기차고 따뜻해질 것이다.

권력의 중심에 있는 사람들은 모든 것을 통제하고 싶을 테지만, 그들에게 다른 사람의 결정권을 가로채는 일은 부도덕하다는 것을 알려주어야 한다. 선택하는 행위는 성장과 발전에서 매우 중요한 부분이다. 물론 원한다면 조언을 구할 수 있다. 하지만 최종 결정은 자신이 내려야 한다. 이것이야말로 사업을 운영하는 가장 좋은 방법이며, 가정을 꾸려가는 가장 현명한 길이다.

우리 부부는 한 가지 원칙을 세웠다. 아이들이 묻지 않는 한 절대 조언하지 않는다는 것이었다. 물론 때로는 나도 모르게 아이들에게 이렇게 말하곤 했다.

"만약 네가 내게 조언을 구한다면, 나는 이렇게 말해줄 거란다."

그럴 때마다 아내가 나를 빤히 쳐다봤고 나는 곧 입을 다물었다. 사람들이 때로는 무엇을 해야 할지 누군가가 알려주기를 바랄 때가 있는 것도 사실이다. 예컨대 코로나가 처음 퍼졌을 때 많은 사람이 정부의 지침을 기다리지 않았던가. 하지만 결국엔 스스로 결정하고 책임져야 하는 순간이 오기 마련이다.

나는 책임을 부정하는 것만큼이나 맡은 책임을 다하지

않는 것이 큰 잘못이라고 믿는다.

그러니 당신 자신의 삶과 가족 그리고 일터에서 보조성의 원리를 실행하라. 그 모든 것이 얼마나 흥미진진해지는지 깨닫게 될 것이다.

내가 꿈꾸는 이상적인 일터

최근 몇 년간 우리는 집을 사무실로 바꿔보는 실험을 해왔고, 일부 사람들에게는 그 시도가 제법 잘 통했다. 이제 나는 사무실을 집처럼 바꿔볼 때가 되었다고 생각한다. 단, 집에서 겪게 마련인 고역과 방해 요소는 그대로인 사무실로 말이다.

집에서 겪는 고역에는 무엇이 있을까? 가장 먼저 떠오르는 것은 모든 물건을 사용 전후에 지속적으로 깨끗하게 닦는 수고다. 아내는 마호가니 식탁의 윤기 나는 광택을 좋아했다. 하지만 이제 그 광택 내는 일이 내 몫이 되고 보니, 얼룩 하나하나가 앞으로 치를 고역을 알리는 신호로 보인다. 그리고 집에서 나를 방해하는 요소는 주로 어린아이들과 반려동물이다.

그렇다면 이런 고역과 방해 요소 없이 내가 소중히 여기는 동료애와 내가 사랑하는 편안함을 누릴 수는 없을까? 과거의 선조들은 이 문제를 어떻게 해결했을까?

그들은 신사 클럽을 만들었고, 그 비슷한 클럽들이 지금도 펠멜가 Pall Mall(런던 트라팔가 광장에서 세인트 제임스 궁까지 이어지는 클럽 거리-옮긴이)에 늘어서 있다.

최근 나는 기분 전환 삼아 내가 꿈꾸는 이상적인 사무실을 그려봤다. 일단 옛 식민지 시대 저택 같은 모습은 아니다. 훨씬 더 현대적이고, 새로운 지식인들이 모여드는 런던 동쪽에 위치할 것이다. 직선보다는 곡선이 더 많이 사용되고, 전통적인 분위기보다는 현대적이고 세련된 느낌이 들 것이다. 누구나 들어가고 싶고, 그곳의 일원이 되고 싶어지는 매력적인 공간이어야 한다.

일단 사무실에 들어가면 집과는 달리 곳곳에 직원들이 있다. 가장 먼저 눈에 띄는 것은 많은 방이다. 이 방들은 특정 직원의 이름이 붙은 지정된 공간이 아니라, 업무 성격에 따라 구분된 공간이다. 중요한 공간은 식사를 위한 방이다. 그리고 책으로 가득한 도서관이 있다. 그곳에는 커다란 소파와 오래된 책 냄새가 밴 안락의자도 있어서, 조용하기만 하면 금세 잠이 쏟아질 듯하다.

회의실도 다양하게 마련되어 있고, 혼자 집중하고 싶을 때는 예약제로 쓸 수 있는 개인 사무실도 있다. 첨단 기술실에는 각종 최신 컴퓨터 장비가 설치되어 있으며, 다양한 기능을 안내해줄 전문 보조 직원이 상주한다. 직원이나 고객이 언제든 사용할 수 있는 프레젠테이션 룸도 있다. 물론 최신 시청각 장비도 구비되어 있다. 모든 것이 최신 디자인이다.

출근길에 자전거나 대중교통을 이용하느라 땀에 젖거나 지친 직원들을 위한 탈의실과 샤워실도 있다. 하지만 가장 눈길을 사로잡는 것은 한쪽 벽면을 모두 차지하고 있는 푸드 카운터다. 이곳이 사무실이라기보다는 공항의 일등석 라운지 같다는 생각이 들게 한다. 곳곳에 편안한 좌석이 마련되어 있고, 주변에 작업 공간도 있지만, 대부분은 커피 테이블과 이 거대한 푸드 카운터가 차지하고 있다.

이곳에서는 매일 오전 9시부터 따뜻한 아침 식사가 무

료로 제공된다. 덕분에 사람들은 자연스럽게 이른 시간에 출근하게 된다. 사무실에 도착하면 입구에서 밤새 충전된 휴대전화를 가져가는데, 절대 꺼서는 안 된다. 그것이 서로를 연결해주는 유일한 통로이기 때문이다.

아침 식사를 마치고 사람들은 각자 하루 일정을 계획한다. 누군가는 개인 사무실을 예약하고, 누군가는 고객이나 계약업체, 기획 담당자, 협력업체 등을 만나러 나간다. 집으로 돌아가 재택근무를 이어가는 사람들도 있다. 모두가 일주일에 적어도 반나절은 재택근무를 하는데, 물론 그때도 휴대전화는 항상 켜둔다.

푸드 카운터에서 술만큼은 별도로 비용을 지불하거나 서명해야 한다. 저녁이 되면 이 공간은 자연스럽게 식음료를 제공하는 클럽으로 바뀌어 끈끈한 친목을 도모하는 자리가 된다. 간부급 직원 중 한 명이 라운지 끝에 있는 유리벽 방에 앉아 있다가 가끔씩 나와서 커피를 마시거나 혹은 지나가던 동료나 대화를 청한 사람과 가벼운 담소를 나눈다. 전체적으로 분위기는 편안하지만 세련되고 효율적인 일터다.

그렇다면 사람들은 이 사무실에서 얼마나 많은 시간을

보낼까? 공식적인 규칙은 없지만, 대부분의 회의는 수요일과 목요일에 열린다. 그래서 대부분의 사람이 주중 중반에는 사무실에 머무는 경향이 있다. 하지만 이곳은 매우 쾌적하고 일하기 편한 공간이라 항상 사람들이 모여드는데, 이른 아침과 저녁이 특히 그렇다.

나는 오래된 기업들이 공항의 비즈니스 클래스 라운지처럼 변하리라고 기대하지는 않는다. 하지만 예전 클럽 문화의 요소들이 기업 문화에도 스며들기 시작하는 건 분명하다. 사람들은 집에서 겪는 고역이나 방해 요소는 없으면서도 집처럼 편안한 분위기에서 일하고 싶어 하기 때문이다.

사람들은 유쾌하고 즐겁게 시간을 보낼 수 있는 직장을 원한다. 그리고 그와 동시에, 만약 근무하는 데 자신에게 집이 가장 잘 맞는다면 재택근무도 할 수 있는 직장 문화를 기대하고 있다. 우리는 사무실 회의와 재택근무를 병행하는 시대로 접어들고 있다. 그리고 어떤 방식으로 조합해서 실행할 것인지는 각자 스스로 정하게 될 가능성이 크다.

내가 보기에는 이것이 이상적인 사무실의 모습이다. 나는 인사 업무를 맡는다거나 언제 어떻게 일해야 하는지 지시받는 것을 좋아하지 않는다. 다만 동료들과 함께 일하며 느끼는 연대감을 좋아한다. 동시에 집에서 혼자 집중할 때의 평화로움도 소중하다.

이 두 가지를 모두 누릴 수 있다면 그보다 더 행복한 일터는 없을 것이다. 내가 꿈꾸는 이상적인 사무실이 현실이 될지는 두고 볼 일이다.

'더 크게'보다 '더 좋게' 하는 데 집중하라

나는 미국 캘리포니아의 나파 밸리Napa Valley 한가운데에 있는 작고 아름다운 와인 양조장에 서 있었다. 양조장 주인은 무척 친절했고, 우리는 포도밭을 내려다보며 이런저런 대화를 나눴다.

계곡 아래로 시선을 돌리자 끝없이 이어진 포도나무들이 눈앞에 펼쳐졌다. 수 제곱킬로미터에 달하는 듯했다.

"세상에나, 계곡 전체가 포도 농장이네요."

내가 감탄하자 주인이 미소를 지으며 말했다.

"네, 다들 제 경쟁자들이지요. 하지만 제가 이길 겁니다."

나는 되물었다.

"어떻게요? 이 근처에 남는 땅이 없는 거 같은데요. 포도 농장을 사들이실 건가요?"

그가 답했다.

"아니요, 양조장을 더 크게 키우는 게 아니라 더 좋게 키울 겁니다. 올해 열리는 연례 시음회에서 상위 2~3위 안에 들면 경쟁자들을 완전히 압도할 수 있을 테니까요. 본때를 보여주는 거죠."

나는 생각했다.

'더 크게 키우는 게 아니라 더 좋게 키운다. 음, 흥미롭군.'

그날 오후에 나는 한 가족기업의 대표와 이야기를 나눌 일이 있었다. 그는 가문의 이름이 사라지지 않았으면 좋겠다고 말했다. 생산하는 제품에 가문의 이름이 새겨져 있고, 앞으로 가업을 더욱더 성공적으로 이끌어간다면 가문 역시 어떤 면에서는 영원히 이어질 거라고 했다.

나는 조심스럽게 조언을 건넸다.

"그렇다면 매년 더 큰 목표를 세우는 것이 아니라 더 나은 목표를 세워야 합니다. 시장 전체를 감당할 만큼 많은 제품을 만드는 건 불가능하니까요. 가문의 이름이 사라지지 않게 하는 건 궁극적인 목표입니다. 끊임없이 변신하고, 새로운 인재를 영입하고, 기준을 높여야 합니다. 그래야만 가족기업이 지속될 수 있을 겁니다."

그와의 대화를 마친 뒤, 나는 문득 작가로서의 나 자신을 돌아보았다. 물론 나도 언젠가는 베스트셀러 소설, 이를테면 자극적인 정치 스릴러를 써보고 싶다. 하지만 솔직히 그런 상상력을 가진 사람이 아니다. 나는 조직과 조직 안에 있는 사람들에 대해 글을 쓴다.

나는 스스로에게 물었다.

'정작 나는 왜 이 조언을 따르지 못하는 걸까? 내가 하는 일을 더 잘하려고 노력한다면 경쟁자들보다 더 많은 돈을 벌 수 있을지도 모르는데.'

그 뒤로 나는 책의 내용을 조금 더 흥미롭게 만드는 데 주력했다. 비록 다루는 주제가 본질적으로 다소 지루할 수밖에 없지만 말이다.

결국 나는 다음 책에서 그 노력에 보상받았다. 첫 번째 서평에는 이런 문장이 있었다.

"이 책에 이전에 언급되지 않았던 내용은 하나도 없다. *(이 부분에서 나는 순간 가슴이 철렁 내려앉았다.)* 하지만 중요한 건 이 흥미로운 책을 읽기 전까지는 이런 내용이 이토록 새롭게 느껴진 적이 없었다는 점이다."

이 방법은 통했다. 그 책은 지금까지 수십만 부가 팔렸다. 경쟁자들이 쓴 그 어떤 소설보다도 더 많은 독자를 만났고, 그 덕분에 전 세계 수천 명의 기업 임원들에게 강연할 기회를 얻었다.

그러니 기억하자. 당신의 조직에서든 당신이 이루고 싶은 일이든, '더 크게'가 아니라 '더 좋게' 만드는 데 집중하자. 그 편이 덜 지치면서도 더 신이 나고 결국에는 더 큰 수익으로 이어진다. 나파 밸리에 있는 양조장 주인이 잘 알고 있었듯이 말이다.

나의 새로운 비즈니스 아이디어

조직도 기억을 가지고 있을까? 물론이다. 다만 때로 그 기억이 조금 부정확할 뿐이다.

나는 수년간 영국의 왕립예술학회 회장을 지냈다. 왕립예술학회는 런던 스트랜드 거리 근처의 아름다운 건물에 자리한 유서 깊은 영국 기관이다.

얼마 전 나는 강연을 들으러 그곳을 다시 찾았다. 입구에 들어서자 아주 친절한 젊은 여성 안내 직원이 회원 카드를 보여 달라고 했다.

나는 그녀의 머리 위쪽에 걸려 있는 패널을 가리키며 말했다.

"난 회원 카드가 필요 없어요."

패널에는 지난 100년 간의 회장 명단이 새겨져 있었다.

"내 이름이 저기 있습니다. 찰스 핸디 회장, 1987년부터 1989년까지."

그녀는 무심한 표정으로 대답했다.

"아, 네. 그래도 회원 카드 좀 보여주시겠어요?"

다행히도 때마침 그곳을 지나가는 직원 한 명이 내가 회원이고 입장 자격이 있음을 확인해주었다.

안내 직원은 크게 개의치 않는 듯했다.

물론 그녀에게는 내가 강연 장소에 들어가는 것을 막을 권리가 있었다. 하지만 건물을 나서면서 기분이 몹시 언짢은 것은 어쩔 수 없었다. 협회를 위해 헌신했고 어떤 의미에서는 몰락 직전이던 조직을 구해냈다고 생각했는데, 그 모든 노력이 잊혔다는 사실이 꽤 아프게 다가왔다.

하지만 때로 짜증 나는 기억도 있기 마련이다. 셸의 싱가포르 지사에서 일할 때, 동료 중에 서아프리카에서 15년 근무한 사람이 있었다. 내가 회의에서 좋은 아이디어를 내놓을 때마다 그는 이렇게 말했다.

"아, 그거 가나에서 시도해봤는데… 아니, 나이지리아였

나? 어쨌든 전혀 통하지 않았어."

나는 그의 망할 기억에 저주를 퍼붓곤 했다.

나중에 알게 된 일이지만, 그것은 그 사람 개인의 기억이 아니라 진 세계에 약 250개에 달하는 지사가 있는 셸 그룹 전체의 집단기억이었다.

그때 이런 생각이 들었다.

'셸은 왜 이 모든 기억을 수집하지 않는 걸까? 이걸 기록하고 분류해둔다면 누군가 어려운 문제에 직면했을 때, 그 내용을 대입해보고, 비슷한 일을 겪은 사람의 경험을 통해 배울 수 있지 않을까?'

이런 의문이 들었던 건 그것이 바로 우리의 학습 방식이기 때문이다. 나는 줄곧 학습이란 반성을 통해 이해하는 경험이라고 강조했다. 자신의 경험이라면 당연히 도움이 되고, 다른 사람의 경험도 크게 다르지 않다. 셸에는 그런 타인의 경험이 엄청나게 많았다.

만약 당신이 (다른 조직의 경험과 함께) 그런 경험을 모아서 분류할 수 있다면 사례 연구라고 부를 만한 대단히 귀중한 자료를 얻을 수 있을 것이다.

게다가 바로 여기에서부터 비즈니스 아이디어가 시작된

다. 그 자료들을 구독 형태로 라이선스화한다면, 사람들이 이 '경험 도서관'을 이용하려고 돈을 지불하게 될 것이다. 아니면 그 경험 자료를 책이나 학술 연구서 혹은 사례집 형태로 출판할 수도 있다.

이렇게 하나의 아이디어가 나왔다. 나는 너무 게을러서 이 아이디어를 실행에 옮기지 않을 테지만, 누군가 이 경험 도서관을 중심으로 새로운 비즈니스를 시작하고 싶다면 기꺼이 해보기를 바란다. 어딘가에서 내게 감사의 말을 전해주거나 혹시 축하 파티가 있다면 초대해주길 바랄 뿐이다.

이렇게 경험을 축적해놓은 기억 저장소는 수업에서도 활용할 수 있다. 수업이 끝날 때 자신의 기억을 공유해준 사람을 초대해서 그 뒷이야기를 들을 수도 있다. 내가 알기로 학생들은 항상 실제 주인공을 만나는 것을 좋아한다.

집단기억이라는 개념은 가정생활에도 적용될 수 있다. 언젠가부터 오래된 사진 앨범을 훑어보곤 했는데, 사진 속 얼굴의 절반은 누구인지 기억나지 않았다. 그런데 그럴 때마다 가족 중 누군가는 꼭 기억하고 있었다.

"아, 맞다. 줄리안의 삼촌이네."

"당신 할머니잖아. 피크닉이 끝나고 길가에서 볼일을 보려고 했던."

그렇게 과거의 기억을 꺼내서 가족들과 공유하는 상황이 이어졌다. 가족의 경험으로 완성된 작은 도서관은 그 자체로 소중한 자산이다.

다시 한번 말하지만, 이 경험 도서관이라는 내 비즈니스 아이디어가 마음에 든다면 누구든 곧장 실행해보라. 나는 당신이 그것을 현실로 만드는 모습을 기쁜 마음으로 지켜볼 것이다.

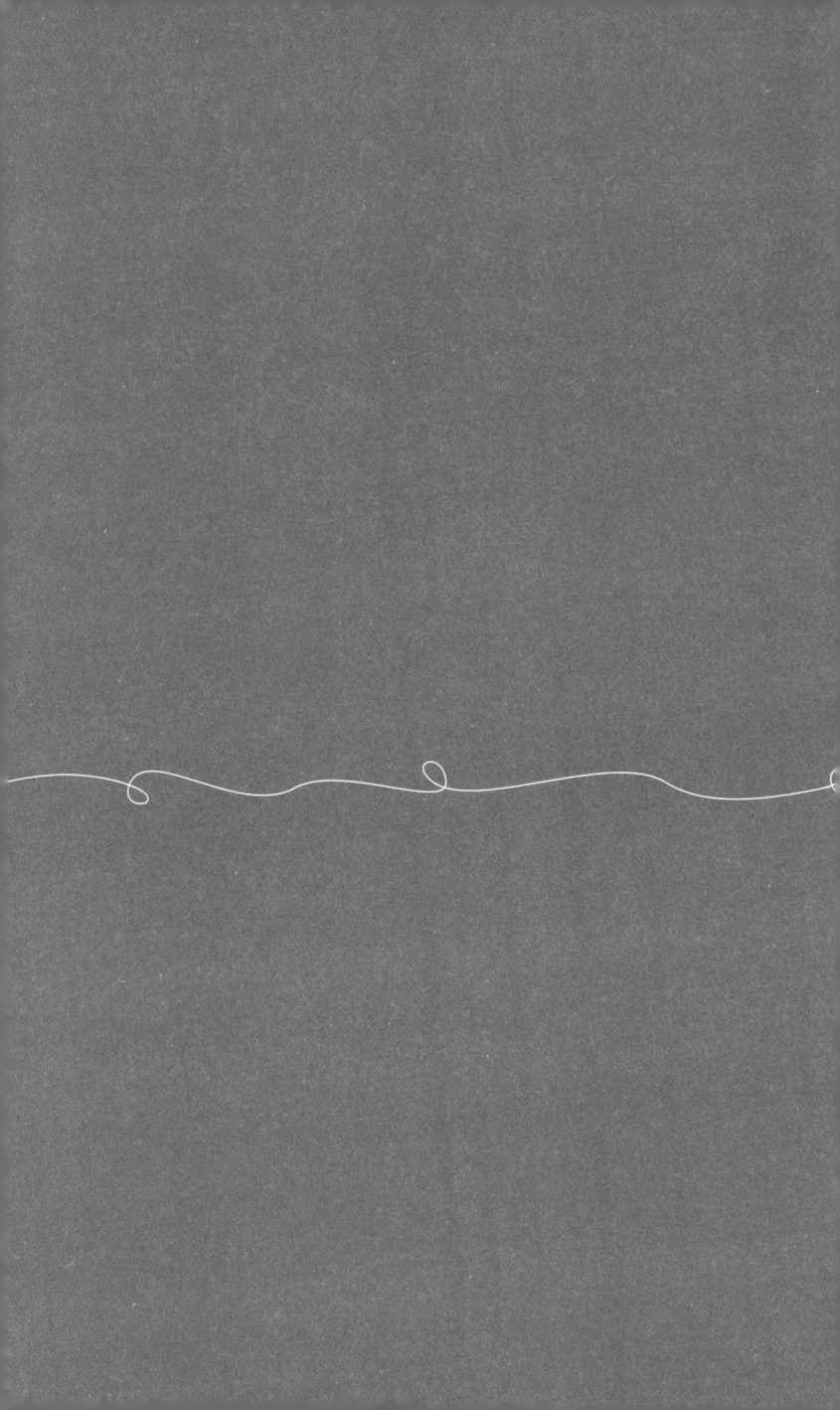

4장

지나온 시간이 가르쳐준 것
— 삶과 지혜에 관하여

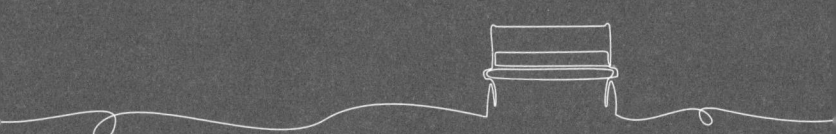

나는 아침에 눈을 뜰 때마다 안도감과 설렘을 느낀다. 오늘은 새로운 날이다. 상상력을 더 발휘하고, 더 대담해지고, 더 친절하고, 더 흥미로운 사람이 될 수 있는 기회다. 한 번의 성공적인 경험이 다음에도 똑같은 결과를 보장해주지 않는다. 단지 더 잘해보려는 마음이 있을 뿐이다. 세상은 매번 다른 문제를 던지고, 우리는 매번 새롭게 배워야 한다.

**다르게 부르면
다르게 보인다**

몇 년 전이었다. 이탈리아 토스카나에 있는 우리 집 테라스에 앉아서 아래 마당을 듬성듬성 뒤덮고 있는 풀포기들을 보다가 문득 생각했다.

'저곳을 제대로 된 잔디밭으로 가꾸면 얼마나 좋을까?'

나는 영국으로 돌아가 노퍽에 있는 우리 집 잔디밭 사진을 찍어서는 그 사진을 이탈리아 정원사 디노에게 보여주며 말했다.

"디노, 이런 잔디밭을 만들고 싶네."

그해 여름 토스카나로 다시 돌아왔을 때, 나는 잔디밭이 데이지와 민들레 같은 잡초로 뒤덮여 있는 것을 보고

소스라치게 놀랐다.

나는 디노에게 물었다.

"도대체 어떻게 된 거지? 왜 내가 보여준 사진대로 손보지 않은 건가?"

디노가 답했다.

"아, 그랬으면 이 예쁜 꽃들이 전부 망가졌을 테니까요."

나는 반문했다.

"무슨 꽃 말인가?"

나는 그의 손가락이 가리키는 대로 잔디밭을 바라봤다. 그의 말이 맞았다. 짙은 녹색의 잔디밭을 배경 삼아 민들레와 데이지가 예쁘게 피어 있었다. 잡초가 아니라 꽃이었다.

나는 잔디밭을 그대로 두었고, 그뒤로 손님들을 초대해 내가 '꽃밭'이라고 이름 붙인 곳에 앉히곤 했다. 그들은 그곳이 정말 마음에 든다고 했다. 문득 이런 생각이 들었다.

'흠, 그렇군. 다른 이름을 붙이니 보이는 것도 다르군.'

우리가 소위 '봉쇄 기간'이라고 부르던 코로나19 팬데믹 당시, 나는 그 시간을 뒤늦은 안식년이라고 생각했다. 학계에서 안식년이란 연구자들이 자기 분야의 연구를 심도 깊게 진행하기 위해 재충전하는 기간을 말하는데, 내가 속한 학교에서는 7년마다 안식년이 있었다.

구약성경 레위기 25장에 따르면, 이스라엘 땅의 유대인들은 7년마다 한 해 동안 밭일을 쉬어야 한다. 그래서 봉쇄 기간에 친구들이 전화해서 안부를 물으면 나는 이렇게 답했다.

"나는 안식년을 제대로 즐기고 있지."

그러면 친구들은 말했다.

"운도 참 좋아. 우리는 감금 상태인데, 죽을 맛이야."

나는 이렇게 대꾸했다.

"이름을 다르게 붙여보면 생각도 달라질 거야. 신혼여행이라고 불러봐."

친구들은 내가 농담한다고 생각했다. 하지만 나는 진심이었다.

이름을 다르게 붙이면 세상이 다르게 보일지도 모른다. 이를테면 소득세를 세금이 아니라 '국가 복지 기부금'이라고 부르면 어떨까? 그렇게 이름을 바꾸면 세금에 대한 반감이 조금은 줄어들지 않을까?

어느 날 회계사와 이야기하다가 내 생각을 말했다.

"'저스트기빙JustGiving' 웹사이트에 '국가 복지 기부금'이라는 항목이 있다면 어떨까요? 한 달치 세금에 해당하는 금액을 정기적으로 기부하면 좋지 않을까요? 어떻게 생각하세요?"

회계사는 말했다.

"좋은 정도가 아니라 꽤 이득이겠는데요. 기부로 인정되어 세금 공제를 받을 수 있고, 결국 실제 납부해야 할 세금도 줄어들 테니까요."

그 말을 듣고 나는 다시 생각했다.

'그렇게 하기 시작하면, 나라의 미래 복지를 위해 기부한다는 뿌듯함을 느낄 뿐 아니라 세금 고지서를 받을 때 청구액이 줄어들어 기분이 좋아지겠군.'

아무래도 정부에 이 아이디어를 제안해봐야 할 것 같다. 적어도 나는 앞으로 내가 내는 세금을 '자발적 기부금'이라고 부를 생각이다. 이름을 그렇게 바꾸는 것만으로도 세금을 대하는 내 마음가짐이 달라질지 한번 지켜보려고 한다.

공감의 시대를 꿈꾸며

코로나19 팬데믹 중이었다. 눈부시게 화창한 어느 날 아침, 잠에서 막 깨어난 순간 영국 시인 로버트 브라우닝 Robert Browning의 시구가 떠올랐다.

"오, 영국에 있기를 / 그곳은 5월이기에"(시인은 '4월'이라고 말했지만, 독자들이 긴장을 늦추지 못하게 하려고 5월이라고 썼다.)

날씨가 너무 좋아서 용기 있게 시내에 나가보기로 했다. 내가 사는 곳에서 '시내에 간다'는 것은 푸트니 하이 스트리트Putney High Street에 간다는 의미다. 세계에서 가장 번화한 거리라고 하긴 어렵지만, 언제나 교통 체증이 심한 곳이다. 하지만 그날은 예상했던 대로 거리가 한산했다. 하지만 길을 건너 은행으로 가야 했다.

뇌졸중 후유증으로 아직 걸음걸이가 불안했던 나는 옆에 서 있는 낯선 남자에게 용기를 내 도움을 청했다.

"길 건너는 걸 좀 도와주시겠소?"

남자는 미소를 지으며 대답했다.

"물론이죠."

그는 내게 팔을 내밀었고, 우리는 함께 천천히 길을 건넜다.

우리는 서로를 소개하지 않았지만, 굳이 그럴 필요가 없었다. 길 반대편에 도착했을 때쯤 이미 나는 그의 이름, 나이, 사는 곳, 병력, 직업까지 알고 있었고, 그 역시 마찬가지였다. 내가 작가이며 미래에 관한 글을 쓴다고 하자 남자는 이렇게 말했다.

"아, 미래는 좋게 이야기할 수가 없네요. 지금만으로도 이미 너무 좋지 않으니까요."

어쨌든 은행에 도착할 때쯤 우리는 어느새 오랜 친구처

럼 가까워졌다. 작별 인사를 나누고 집으로 돌아온 뒤 나는 코로나19 통계 뉴스를 보며 생각했다.

'뭐, 그렇게 나쁜 것만은 아니네.'

햇살 때문이었는지 모르지만 나는 적어도 푸트니 하이 스트리트에는 새로운 분위기가 감도는 것을 느꼈다. 공감이라고밖에 표현할 수 없는 분위기였다. 세상이 온통 친절로 가득하고, 사람들의 마음에는 동정심이 넘쳐서 언제든 서로를 도우려는 따뜻한 기운이 느껴졌다. 낯선 사람을 경쟁자나 적으로 보지 않고 친구로 받아들일 수 있는, 관대함과 희망이 넘치는 세상 같았다.

그날 내가 만난 낯선 사람은 내게 진정한 희망의 길을 보여주었다. 한껏 들뜬 기분으로 생각했다.

'그래, 다음 책의 제목은 《공감의 시대》로 해야겠어.'

안타깝게도 이미 동명의 책이 출간되었다. 하지만 진심으로 추천한다. 세계적 영장류학자 프란스 드 발Frans de Waal의 《공감의 시대: 다정한 사회를 만들기 위해 자연에서 배울 수 있는 것》다.

생각해보면 우리 모두에게는 이타적인 마음이 내재되어 있는 것 같다. 이타적인 마음을 드러내는 것을 유행처럼 만들어야 한다. 코로나19 팬데믹이 우리 안에 그런 마음을 일깨웠다. 내면에서 새로운 공감의 시대를 바라는 마음, 즉 서로를 이해하고 협력하며 기꺼이 돕는 희망의 분위기에 대한 열망을 촉발했다고 생각하면 좋을 것 같다.

소유의 함정과 역설

 손주들 인생에서 가장 큰 사건은 '지기'라는 강아지가 등장한 것이었다. 혈통은 명확하지 않았지만 아주 귀엽고 사랑스러운 녀석이었다. 아니나 다를까, 아이들 사이에서 누가 먼저 지기를 안을 것인지를 두고 치열한 경쟁이 벌어졌다.

 손주들에게 말했다.

 "강아지 주위에서 뛰어다닐 때 조심해라. 너희들은 지금 소유의 함정에 빠지고 있거든."

 가장 어린 스칼렛이 고개를 갸웃하며 물었다.

 "그게 뭔데요?"

나는 설명을 시작했다.

"네가 무언가를 소유한다고 생각하지만, 알고 보면 그게 오히려 너를 소유하게 되는 걸 말하지. 지금 너희들 모습을 봐라. 이 강아지를 돌보느라 정신없이 뛰어다니잖니. 너희는 이 강아지를 소유했다고 생각해서 원하는 대로 할 수 있다고 생각했겠지. 하지만 사실 너희에게는 강아지를 보살필 책임이 있는 거야. 소유에는 책임이 따르는 법이거든. 먹이를 주고, 산책시키고, 훈련시키고, 건강을 돌봐야 해. 알맞은 사료와 약을 챙겨줘야 할뿐 아니라 적당한 애정도 줘야 하지. 봐라, 너희는 이 강아지의 노예가 됐잖아. 강아지가 너희를 소유한 거란다.

그보다 더 심각한 건, 나이가 들수록 집을 소유하고 싶다는 생각이 든다는 거지. 그러면 너희는 집의 노예가 되는 거란다. 그건 강아지의 노예가 되는 것과는 차원이 다른 일이야. 너희 할머니와 내가 처음 이 집에 살았을 때는 집주인인 콜린 앤더슨한테 이 집을 임대했단다. 보일러가 자주 고장 났는데, 내가 전화를 걸어 '콜린, 보일러가 또 고장 났어'라고 말하면 이런 대답이 돌아왔지. '아, 이런. 배관공을 불러야겠네. 필요하면 새 보일러를 설치하거나.' 그럼 나는 속으로 '문제가 해결됐네. 한 푼도 쓰지 않고'라고 말했지.

그러다가 콜린에게서 이 집을 아주 싸게 샀단다. 왜냐히면 그가 이 집으로 수익을 내지 못했거든. 이 집은 이제 내 소유가 되었지. 그래서 지난주에 그랬듯이 새 보일러가 필요하면 직접 배관공을 불러서 내 돈을 내고 설치해야 한단다. 창틀 페인트칠도 내가 해야 하고, 배수구 점검도 내가 해야 하고, 지붕에 물이 새면 수리도 내가 해야 하지. 나는 이 집의 노예가 됐어. 말도 안 되는 거지. 내가 이 집을 소유했다고 생각했는데 왜 이 집이 나를 소유하고 있냐는 거다. 그러니 조심해라. 아무것도 소유하지 마라.

그래도 너희 세대는 이 상황을 이해하는 것 같더구나. 요즘 사람들은 우리 세대보다 훨씬 더 많은 것을 공유하면서 살지. 물론 필요해서 그러기도 하지만, 어떤 면에서는 그 편이 더 좋아서 그런 거겠지. 집을 공유하고, 아이들을 등하교시키는 일을 분담하고, 반려견을 공유하고, 휴가를 공유하고, 별장을 공유해. 그렇게 하는 목적을 충분히 이해한다. 공유하면 비용도 함께 부담하고 책임도 함께 지게 되지. 결국 모두 함께 노예가 되는 거야.

하지만 공유하지 않으면 집을 위해 일하는 셈인데, 말도 안 되는 일이야. 그냥 세를 놓고 다른 사람이 집 관리를 하게 두면 나는 원할 때 이사할 수 있어. 런던이 아니라 옥스퍼드에서 일하게 되면 옥스퍼드에 가서 집을 빌려 살면 돼. 융통성 있게 대처하는 거야. 그러는 게 훨씬 낫다고 본다. 게다가 공유를 통해 그렇게 할 수 있다면 비용도 들지 않고 말이야.

내가 살고 있는 이 1호 아파트 뒤에 잔디밭이 있어. 테니스장 두 개 크기 정도 되는 넓고 아름다운 잔디밭이야. 내가 1호에 세를 들었을 때 직접 잔디를 깎아야 했어. 아무도 하지 않았거든. 그래서 결국 같은 아파트에 사는 다른 여섯 사람을 모아서 말했지.

'이 잔디밭을 공용 공간으로 다시 정합시다. 그러면 나처럼 여러분도 이 잔디밭을 소유하는 겁니다. 번갈아가며 잔디밭도 깎고 말이지요.'

이웃 중 한 사람이 말했어.

'아니요, 차라리 파트타임 정원사에게 비용을 지불하고 잔디밭을 깎게 하겠어요.'

그래서 우리는 그 방식을 따르기로 했어.

그다음 주 일요일에 할머니와 나는 파트타임 정원사 톰이 깎은 잔디밭에서 피크닉을 했단다. 다행히도 다른 이웃들 모두 피크닉을 하고 있었지. 그게 맞는 것 같았어. 우리 모두가 잔디밭을 함께 쓰는 게 말이야. 이제 모두 만족했고, 비용도 덜 들었지. 잔디밭을 함께 사용하면서 모두 친구가 되었단다.

그러니 제발 아무것도 소유하지 마라. 빌리거나, 될 수 있으면 공유해라. 아니면 나눠줘라."

인격과 성격은
엄연히 다른 것이다

 인격과 성격 중 어느 쪽이 더 중요하다고 생각하는가? 누군가는 인격과 성격이 본질적으로 같은 것이 아니냐며 반박할지도 모른다. 하지만 이 둘은 확연히 다르다. 셰익스피어가 말했듯이 "그것이 문제로다."

 인격은 시간이 지나면서 드러난다. 어떤 일을 시작했을 때, 그리고 그 과정에서 마주하는 사건과 상황에 어떻게 반응하는지에 따라 형성되고 다듬어진다.

 반면 성격은 사람들 앞에서 쓰는 가면과도 같다. 어느 정도는 의식적으로 만들어낼 수 있고, 바로 그런 능력을 갖춘 사람들이 비즈니스나 정치 분야에서 성공을 거둔다.

배우나 연예인으로 출발해 타인의 감정을 연기할 줄 아는 대중적인 정치 지도자들을 떠올려보라. 미국의 로널드 레이건 대통령이나 우크라이나의 볼로디미르 젤렌스키 대통령이 그 예다(영국의 키어 스타머 총리는 연극 학교에서 연기 수업을 받아보면 좋을 것 같다. 불쌍한 양반 같으니라고).

하지만 성격은 인격의 척도가 아니다. 사람들은 종종 내게 리더가 될 인격은 아니라고 말하곤 했다. 내 성격과 인격을 혼동했던 것이다. 성격 면에서 나는 조용하고, 신중하며, 때로는 소심할 정도로 얌전하고, 사람들 앞에서 과묵한 편이다. 활기차거나 카리스마 넘치는 유형은 아니다. 그러나 인격의 측면에서 보자면, 나는 직업적 삶 속에서 회복력과 결단력 있는 모습을 보여주었다고 생각한다.

이처럼 성격과 인격 사이에는 간극이 있기 때문에 우리는 종종 리더를 잘못 선택하곤 한다. 정부나 기업을 이끌 리더를 뽑을 때 사람들은 성격이 마음에 드는 인물을 선택하지만, 정작 그의 인격이 생각보다 부족하다는 것을 알게 되는 경우가 많았다. 심지어 생각했던 것보다 훨씬 부도덕한 인물임을 알게 되는 경우도 있다. 처음에는 사려 깊다고 생각했던 사람이 사실은 이기적이고, 독단적이며, 조언을 받아들이지 않고, 남의 말을 귀 기울여 듣지 않고, 변덕스러운 인물임을 알게 되는 것이다.

반대로 리더로서의 인격은 갖추고 있지만 사람들의 선택을 받기 위해 필요한 성격은 지니지 못한 경우도 있다. 이 경우 선거에서 매우 좋지 않은 상황이 될 수 있다. 우리에게 걸맞은 지도자를 놓치게 되기 때문이다.

이는 매우 까다로운 게임이다. 그리고 이것이 우리 민주주의에 이토록 깊은 영향을 미친다는 사실이 안타깝다.

우리는 성격에 쉽게 끌리고 인격이라는 본질을 종종 간과한다. 성격의 실마리를 잘 풀어서 인격을 제대로 파악할 수 있는 행운이 당신에게 있기를 바랄 뿐이다.

내가 잘하는 것을 가르치는 기쁨

오늘 아침, 친구의 딸이 조카들을 홈스쿨링하기 위해 대형 은행의 잘나가는 자리를 그만뒀다는 소식을 들었다. 나는 속으로 조카들이 정말 운이 좋다고 생각했다. 이모와 삼촌은 부모보다 더 재미있기 때문에 훨씬 좋은 선생님이 될 수 있다. 이모와 삼촌은 아이들의 이야기를 잘 들어주지만, 부모는 항상 설교만 늘어놓는다. 아이들에게 이모와 삼촌은 한때 장난스럽고 말썽을 부리던 사람들이지만, 부모는 그런 적이 없다. 또한 이모와 삼촌은 대개 현명하고 멋진 어른으로 여겨지지만, 부모는 그저 잔소리 많은 존재로만 보일 뿐이다.

내가 짐작하기에 이모나 삼촌은 조카들만큼이나 그 과정을 즐길 것 같다. 최근에 나는 10대인 손자 레오가 내 간병인에게 체스를 가르치며 무척 신나하는 모습을 자주 본다(그런데 정작 내가 같이 체스를 두자고 하면 그다지 내키지 않는 눈치다). 때로는 학생보다 선생님이 더 재미있어 할 때가 있다. 배움의 즐거움보다 가르침의 즐거움이 더 큰지도 모르겠다.

그러니 우리 모두 한 번쯤 선생님이 되어보는 건 어떨까? 당신이 축구를 잘한다면 동네 아이들에게 축구 기술을 가르쳐보자. 그 과정은 생각보다 훨씬 흥미롭고 보람찰 것이다. 내 위대한 영웅 아리스토텔레스는 자신이 가장 잘하는 일에 최선을 다하고 그것으로 다른 사람을 돕는 것이 진정한 행복의 길이라고 말했다. 그렇다면 우리도 자신이 잘하는 일을 다른 사람에게 가르쳐보는 건 어떨까?

나는 학생들을 가르치며 놀라운 사실을 깨달았다. 배우는 학생들보다 가르치는 내가 훨씬 더 많이 배운다는 것이다. 역사든 지리든 화학이든 가르치는 입장에서 나는 단순히 지식을 전달하는 데 그치지 않았다. 왜 그런 일이 일어났는지, 어떤 원리가 그 현상을 설명하는지 스스로 더 깊이 이해해야 했다. 반면 학생들은 그저 듣기만 하면 되니, 오히려 내가 더 열심히 공부했던 셈이다. 아마 지금쯤 내 손자도 예전보다 훨씬 더 많은 체스 지식을 갖게 되었을 것이다.

자전거를 탈 줄 아는 사람이라면 아이들을 자전거에 태워 동네를 달리며 홈스쿨링의 지루함에서 구해주고, 그 과정에서 만족감을 느껴보자. 만일 주변에 가르칠 아이가 없다면 이번 주말에 시간을 내서 누군가에게 전할 수 있는 기술이나 재능이 어떤 게 있는지 떠올려보자. 잘하는 것을 나누는 순간, 분명 행복한 기분이 들 것이다. 나는 경험을 통해 분명히 그것을 확인했다. 그리고 아마도, 2500여 년 전 아리스토텔레스 역시 같은 생각을 했을 것이다.

어제의 경험이
내일의 해답이 되지는 않는다

나는 시험 결과에 야단법석을 떠는 분위기가 늘 곤혹스럽다.

운전면허 시험을 보러 갔을 때의 일이다. 자전거를 탈 줄 안다고 말했지만 아무도 관심을 보이지 않았다. 전혀 다른 경험이라면서 말이다. 사실 맞는 말이었다. 운전면허를 따려면 자전거를 탄 경험과는 무관한, 전혀 다른 종류의 시험을 봐야 했다.

옥스퍼드대학교 오리엘 칼리지에서 고전학을 지원했을 때도 비슷한 경험을 했다. 학교 측에서는 내가 고등자격시험(지금의 A 레벨에 해당하는 시험)에서 다섯 과목이나 우수

한 성적을 받았다는 사실에 전혀 주목하지 않았다. 오히려 상관없다고 말했다. 옥스퍼드대학교에서 가르치는 것은 생각하는 법이었고, 그들은 내가 스스로 생각해야 하는 상황에서 어떻게 대처하는지 알고 싶어 했다. '우리는 왜 일하는가?'처럼 지금까지 쌓아온 지식과는 전혀 관련이 없는 질문에 어떻게 반응하는지를 보고 싶었던 것이다.

그들이 요구한 시험은 어렵고 당혹스러웠지만, 그때야말로 진짜 생각하는 법을 배우기 시작한 순간이었다. 결국 나는 옥스퍼드대학교에 합격했고, 최우등으로 졸업했다는 자부심을 가지고 셸에 입사 지원을 했다. 하지만 이번에도 마찬가지였다. 셸은 내 학업 성적에 전혀 주목하지 않았고, 자체적으로 마련한 경영학 시험을 보게 했다.

나는 그 이유를 곧 이해했다. 보르네오섬에 있는 지사를 운영할 때, 대학에서 쌓은 그리스어와 라틴어 지식은 아무 쓸모가 없었던 반면, 셸의 사례 연구를 통해 익혔던 실무적 사고가 훨씬 도움이 되었기 때문이다.

그래서 나는 지금도 이렇게 생각한다. 시험은 졸업할 때가 아니라 입학할 때 봐야 한다.

하지만 여기서 더 중요한 질문이 있다.

'과거가 미래의 길잡이가 되어야 하는가?'

나는 그렇지 않기를 바란다. 만약 그렇다면 아무것도 변하지 않을 것이다. 내일은 어제와 같고, 내년은 작년과 같을 것이다. 물론 그런 세상을 바라는 사람도 있다. 모든 것이 그대로였으면 좋겠고, 누군가 나한테 말했듯이 '현상유지가 곧 앞으로 나아가는 길'이라고 믿는 사람들 말이다. 하지만 내 생각에 그건 끔찍한 일이다.

나는 아침에 눈을 뜰 때마다 안도감과 설렘을 느낀다. 오늘은 새로운 날이다. 스스로를 다시 만들어볼 수 있는 기회가 주어졌다. 상상력을 더 발휘하고, 더 대담해지고, 더 친절하고, 더 상냥하고, 더 흥미로운 사람이 될 수 있는 기회다. 나는 어제의 지루하고 따분한 사람이 아니다. 내년도 마찬가지다. 내년은 분명 올해보다 더 나아질 것이다. 나는 계속 변하고 있기 때문이다.

한 번의 성공적인 경험이 다음에도 똑같은 결과를 보장해주지 않는다. 단지 더 잘해보려는 마음이 있을 뿐이다. 왜냐하면 세상은 매번 다른 문제를 던지고, 우리는 매번 새롭게 배워야 하기 때문이다.

그러니 과거의 경험으로 사람을 평가하지 말자. 그것은

중요하지 않다. 자전거를 탈 줄 안다고 해서 자동차 운전이 쉬워지지 않듯이, 어제의 경험이 내일의 해답이 되지는 않는다.

그리고 기억하자. 내일은 어제의 당신과는 다른 사람이 될 수 있는 또 다른 기회다.

이분법의 함정을 피하라

우리 가족은 짧은 회의를 열었다.

"우리 다같이 북해에 가는 건 어때요? 해변에 짧게 산책하러 가요."

나는 이렇게 답했다.

"2월에 눈 덮인 북해 해변을 걷는 것보다 더 괴로운 일은 없을 것 같군. 더 나쁜 건 이분법의 함정에 빠지게 된다는 거야."

"이분법의 함정이요? 그게 뭔데요?"

누군가 물었다.

"논리적 오류지."

나는 이어서 설명했다.

"이분법이란 두 가지 선택지 중에 하나를 선택해야 하는 상황을 말해. 브렉시트의 경우처럼 잔류할 것인지 탈퇴할 것인지, 혹은 대부분의 국민투표처럼 찬성인지 반대인지를 선택해야 하는 거지. 그런데 너는 지금 하나의 선택지만 줬어. '북해로 갈까, 말까.' 사실 다른 선택지가 얼마든지 있는데 말이지."

이분법은 삶을 단순하게 만드는 것처럼 보여서 종종 유용하다고 여겨진다. 선택지가 두 가지뿐이라면 고민할 필요가 줄어드니 말이다. 그래서 정치인들은 특히 이분법을 좋아한다. 단순히 두 가지 선택지만 있으면, 유권자들은 복잡하게 생각하지 않고 쉽게 결정을 내린다. 또한 그럴 때, 대개는 결국 권력을 쥔 쪽이 원하는 선택을 하도록 설득되기 마련이다. 하지만 내 생각에 이분법은 위험할 만큼 세상을 단순화한다. 그 과정에서 수많은 가능성이 배제된다.

그러므로 이분법적 상황에 놓였을 때는 반드시 몇 가지 조건을 덧붙여야 한다. 예를 들어 이렇게 말할 수 있다.

"북해에 가고 싶지는 않지만, 집 밖으로 나가는 건 좋을 것 같아. 그러니 북해에 가는 대신 우리가 좋아하는 레스토랑에 가보는 건 어때?"

"벽난로 옆에 앉아 럭비 경기를 보면서 다른 사람들이 추위 속에 뛰어다니는 모습을 구경하는 건 어때?"

"해변을 걷고 싶기는 한데, 햇살이 비치고 바람이 잦아드는 따뜻한 날을 기다렸다가 가면 안 될까?"

이러한 조건이 없다면 세상을 상반된 선택지로만 좁혀버리고 상상력을 억눌러서 다른 모든 가능성을 배제할 위험성이 있다.

그래서 우리 가족은 어떻게 했을까? 벽난로 옆에 둘러앉아서 럭비 경기를 봤다. 나로서는 최고의 타협이었다.

개인적인 생각인데, 정치적 의사 결정을 내릴 때만큼은 이분법을 사용하는 것을 금지했으면 싶다. '찬성 아니면 반대'로 나누는 순간 대화는 멈추고 사고는 닫힌다. 이분법은 언제나 우리의 창의력을 지나치게 단순화하고 제한한다.

부모들도 자녀를 훈육할 때 종종 이분법을 쓰곤 한다.

"이걸 먹든가 아니면 자러 가든가 하렴."

그러나 아이가 음식을 조금 먹고 나서 TV를 볼 수도 있고, 산책을 하며 소화를 시킬 수도 있다는 가능성은 언급되지 않는다. 이런 식으로 아이들의 선택지를 제한하는 것은 매우 불공평하다.

부모에게, 정치인에게, 그리고 우리 모두에게 전하고 싶다. 이분법을 독약처럼 피하자. 어쩔 수 없이 사용해야 한다면, 반드시 조건을 붙이고 수정 제안을 허용하자.

세상은 두 가지 선택으로 이루어지지 않았다. 그 사이에 있는 무수한 가능성 속에서, 우리는 비로소 더 나은 답을 찾아간다.

차이와 다름이
더 나은 결정을 만든다

결혼 10주년이 되던 날, 아내와 나는 우리 둘의 멋진 공통점을 모두 적어보기로 했다. 놀랍게도 공통점이 그리 많지 않았다. 아내는 스키를 좋아했지만, 나는 스키가 끔찍했다. 아내는 항해를 즐겼지만, 나는 바람 한 점 없는 따뜻하고 화창한 날에 잔잔한 바다 위에서 정박해 있을 때만 괜찮았다. 무엇보다 결정적인 차이는 결정을 내리는 방식이었다. 아내는 결정을 내릴 때 직감을 믿는 반면 나는 언제나 증거와 논리를 따랐다.

그래서 우리의 대화는 자주 논쟁으로 이어졌다. 하지만 안타깝게도 나는 이유를 설명하지 못 해도 아내가 거의 항상 옳다는 사실을 곧 알게 되었다.

결혼 초기에 있었던 일이다. 런던 로이즈Lloyd's of London(일반 보험회사가 아니라 개인이나 조직이 모여 보험을 사고파는 시장이다-옮긴이)에서 한 남자가 우리 집을 찾아왔다. 그때 나는 로이즈의 '네임Name'이 되려고 신청한 상태였고, 그는 내가 그 제도의 의미를 제대로 이해하고 있는지를 확인하러 온 사람이었다. '네임'이란 이름을 걸고 보증한다는 의미로, 나는 로이즈와 보험 계약을 맺으면서 집을 포함한 상당한 자산을 보험 거래의 담보로 제공하겠다는 서약을 했다.

그가 돌아간 뒤, 아내가 조용히 말했다.

"저 사람 믿지 말아요."

"왜? 꽤 유능한 것 같은데."

"평일인데 회색 정장에 갈색 구두를 신었잖아요. 그런 사람은 신뢰할 수 없어."

"그게 뭐가 어때서?"

나는 반문했다.

"글쎄, 설명은 못 하겠어요. 그건 당신이 할 일이죠."

결국 아내의 말이 옳았다. 그 남자는 앞으로 내가 얻을 보상에 대해 온갖 약속을 했지만, 나는 그후 5년 동안 수만 파운드를 계속 물어내야 하는 신세가 되었다.

그 후 나는 아내의 직감이 정확했던 이유를 알아내려고 애썼다. 런던 로이즈 일의 경우, 그 남자는 보험 전문가의 복장이 아니라 주말 골프선수처럼 차려입고 있었다. 어쩌면 아내는 그의 모습에서 전문성의 부재를 직감했는지 모른다.

세월이 흐르면서 우리 부부는 훌륭한 파트너 관계가 되었다. 아내는 직감으로, 나는 증거와 논리로 협력했다. 서로 다른 방식이었지만, 바로 그 차이가 우리의 결혼생활에 커다란 변화를 가져왔다.

이런 차이는 직장에서도 큰 변화를 가져올 수 있다. 영국의 마가렛 대처 총리와 미국의 에이브러햄 링컨 대통령을 생각해보자. 대처는 내각을 구성할 때 자신과 생각이 비슷한 사람들, 그녀의 표현을 빌리면 '우리 편'이 되어줄 사람들을 원했다. 그 결과 내각의 토론은 언제나 한목소리를 냈다. 대처는 논의를 시작하기도 전에 모든 것을 파악하고, 의견이 다른 사람의 생각을 자신 있게 반박할 수 있었다고 한다. 하지만 이런 방식은 결국 폭정으로 이어졌다. 폭정은 항상 재앙으로 끝나기 마련이다. 대처의 경우

여론이 좋지 않은 인두세Poll Tax 정책을 밀어붙인 끝에 내각 총사퇴라는 결과를 맞았다.

반면 링컨은 정반대의 선택을 했다. 그는 이른바 '라이벌 팀'이라 불릴 만큼 다양한 의견을 가진 인물들로 내각을 구성했다. 그의 대통령 출마를 반대했던 사람들까지 포함해서 말이다. 그 덕분에 링컨은 다양한 역량과 의견을 가진 사람들과 일하며 끊임없이 도전받았고, 그 속에서 더 나은 방향으로 폭넓은 논의가 가능해졌다.

미국의 존 F. 케네디 대통령도 비슷한 교훈을 남겼다. 그가 쿠바에 내린 두 가지 중요한 결정은 차이가 어떤 변화를 가져오는지를 보여주는 사례로 종종 언급된다. 먼저 쿠바 피그스만 침공 사건 당시, 케네디는 군 수뇌부 중심의 자문단 의견을 그대로 받아들였다. 그들은 만장일치로 침공을 지지했고, 작전의 성공을 확신했다. 하지만 결과는 참담한 실패였다.

그러나 쿠바 미사일 위기 때는 달랐다. 러시아가 쿠바에 핵탄두 미사일을 배치하려던 순간, 케네디의 동생 바비는 군 수뇌부 외의 사람들을 자문단에 포함시키자고 제안했다. 그 결과 케네디는 훨씬 더 폭넓은 논의를 거쳐 미사일을 실은 러시아 함선을 철수하게 만들었고, 인류는 핵전쟁의 문턱에서 돌아설 수 있었다.

자문단의 이런 '차이'는 모든 것을 바꾸어놓았고, 세계적인 재앙이 벌어질 가능성을 막았다. 단지 약간의 차이, 서로 다른 의견이 만들어낸 결과였다. 이 정도면 꽤 괜찮은 결말 아닌가.

행복의 세 가지 조건에 관하여

중국식 행복의 정의를 이야기해보려 한다.

공자의 말에 따르면, 행복하기 위해서는 노력을 쏟을 일이 있어야 하고, 희망하는 것이 있어야 하고, 사랑할 상대가 있어야 한다. 여기서 중요한 것은 사랑은 스스로 해야 한다는 것이다. 행복은 누군가에게 사랑을 받을 때보다 내가 누군가를 진심으로 사랑할 때 비로소 찾아온다. 사랑의 보답은 운이 좋을 때만 얻는 것일 뿐, 그 자체가 행복의 본질은 아니다.

또한 우리가 일에 대해 힘겨운 노력을 멈추지 않는 이유는 일이 행복의 한 축이기 때문이다. 가족과 친구 같은 사람들 역시 그렇다. 결국 행복은 일과 사람에서 비롯된다.

지금의 나는 이 세 가지 조건을 모두 갖추고 있다. 할 일이 있고, 희망하는 바가 있으며, 사랑할 사람도 많다. 사랑하는 이들이 대부분 열여섯도 채 되지 않은 손주들이라 나는 꽤나 바쁘게 지내고 있다.

당신 역시 이 세 가지를 모두 채울 수 있기를 바란다. 정성을 다해 노력을 쏟을 일이 있고, 누군가를 진심으로 사랑할 수 있으며, 아득히 멀리 있다고 해도 희망을 품고 있다면 그것으로 이미 행복의 문턱에 서 있는 것이다.

내가 완벽하다는 착각을 버려라

10대 시절의 일이다. 지역 교구의 사제였던 아버지가 내게 주일 아침 예배에서 성경을 읽어보라고 말씀하셨다. 솔직히 말해 나는 그 일을 좋아했다. 커다란 청동 독수리 장식이 있는 설교대 뒤에 서서 성경의 장엄한 문장을 소리 내어 읽는 것은 상당히 즐거운 일이었다. 점심을 먹으러 집에 갔을 때 어머니로부터 한 소리를 듣기 전까지는.

"설교대에 서서 성경을 줄줄 읽는 네 모습이 아주 만족스러워 보이더구나. 솔직히 말해서 별로 좋아 보이지 않았어. 곧 동네 아이들이 다 너를 놀릴 거야. 네 모습을 보니 네가 해준 이야기가 생각나더라. 제 모습을 보고 사랑에 빠진 그리스 소년 말이야."

나는 대답했다.

"아, 나르키소스요? 물에 비친 자신의 모습에 매료되어 가까이 다가가다가 물에 빠져 죽은 소년이요."

어머니는 이렇게 덧붙이셨다.

"그래, 너도 조심하는 게 좋겠어."

그래도 그 소년은 내가 가장 좋아하는 꽃에 자신의 이름을 붙여주었다. 하지만 나는 어머니에게 그 이름이 한편으로는 'NPD', 즉 자기애성 성격장애 Narcissistic Personality Disorder 라는 무서운 정신 질환의 어원이라는 사실을 말하지 않았다. 이 병이 치료가 어려운 이유는 단순하다. NPD를 가진 사람은 나르키소스처럼 자기 자신에게 너무 만족한 나머지, 자신이 아프다는 사실을 믿지 않기 때문이다. 자신이 완벽하다고 생각하는 것이다.

나는 이런 상태를 '황제 증후군 Emperor Syndrome'이라고 부른다. 로마 시대의 네로 황제나 러시아의 푸틴 대통령을 떠올려보라.

하지만 이런 증상은 일상 속에서도 흔히 볼 수 있다. 내 상사들 중에서도 황제 증후군을 겪은 이들이 있었다. 셸의 싱가포르 지사에 근무할 때였는데, 매일 아침 출근하면서 "안녕하세요, 여러분"이라고 말하는 상사가 있었다. 그의 인사에 우리는 모두 일제히 자리에서 일어나 자세를 똑바로 해야 했다. 그러면 그 상사는 마치 왕족이라도 된 것처럼 직원들 사이를 당당하게 걸으며 한두 사람에게 고개를 끄덕였고, 우리는 공손한 반응을 보여야 했다.

한번은 그가 내 자리 앞에서 걸음을 멈추고 말했다.

"찰스, 별일 없지?"

나는 답했다.

"네, 없습니다. 고맙습니다, 본부장님."

그는 고개를 끄덕이며 성역처럼 여기는 자신의 사무실로 들어갔다.

그가 사라지자 옆자리의 토니가 물었다.

"이게 무슨 상황이야? 너한테 다가와서는 말을 걸면서 나는 무시했잖아."

토니가 말을 이었다.

"불길한 징조 같아. 나한테 반감이 있는 게 아닌지 모르겠어."

나는 토니를 안심시키려고 이렇게 말했다.

"글쎄, 그냥 잠시 네 이름을 잊어버렸겠지. 말하다가 더 듬거리기 싫어서 그냥 지나간 걸 거야."

하지만 토니는 수긍하지 못했고 아침 내내 걱정했다.

하루가 끝날 무렵, 본부장이 퇴근하려고 할 때 우리 모두는 다시 자리에서 일어섰다.

"다들 퇴근합시다."

상사의 말에 모두가 대답했다.

"잘 들어가세요, 본부장님."

그는 매우 위풍당당한 모습으로 퇴근했다. 아니, 사실 그렇게 위풍당당하지 않았다. 키가 꽤 작아서 장군이라기보다는 거들먹거리는 상병처럼 보였다. 물론 군 복무를 하지 않았기 때문에 훈장도 없었다. 자랑할 수 있는 거라고는 고작 모교의 넥타이 정도일 텐데, 정작 나는 그 학교 이름조차 알아보지 못했다.

다음 날 아침, 그가 심장마비로 사망했다는 소식을 들었다. 아마도 자신이 대단한 사람이라는 환상을 끝까지 지켜야 한다는 극심한 압박이 그를 무너뜨린 게 아닐까 싶다.

공정함의 진정한 의미는 무엇인가

우리 모두는 정의로운 사회, 즉 공정한 사회에 대한 믿음이 있다. 하지만 세금 제도나 조직의 급여 체계를 논하기에 앞서 '정의로운 사회'와 '공정'의 의미를 명확히 할 필요가 있다.

이를테면 이렇게 질문해볼 수 있다.

'사람들이 마땅히 받아야 할 것을 받는 것이 공정하다고 생각하는가? 일을 잘하면 급여를 더 많이 받고, 일을 못하면 급여를 더 적게 받는 것이 옳다고 믿는가?'

만약 그렇게 생각한다면 당신은 능력주의를 믿는 것이다. 능력주의는 사회학자 마이클 영Michael Young이 처음 만들어낸 개념이다.

하지만 아이러니하게도, 정작 그는 능력주의를 믿지 않았다. 그가 보기에 능력주의 사회는 오히려 교묘한 불평등을 낳았다. 그 속에서 상위 계층은 자신이 누리는 모든 것이 마땅한 보상이라고 여기며, 그 아래에 놓인 사람들의 어려움과 불편을 '능력이 부족한 탓'으로 치부하기 쉽기 때문이다. 결국 능력주의는 일부 상위층의 사회적 양심을 약화시키고, 계층 간의 단절과 냉소를 부추긴다고 그는 경고했다.

그렇다면 또 다른 관점은 어떨까? 기독교적 관점에 따르면, 가장 궁핍한 사람이 가장 많이 받아야 하고, 가장 많이 가진 사람이 가장 많이 내놓아야 한다. 정치인들은 이런 방식을 '상향 평준화'라고 부르지만, 어떤 부분에서 상향 평준화가 이루어졌다면 다른 어딘가에서는 반드시 하향 평준화가 일어날 수밖에 없다. 공정은 결국 균형의 문제인 셈이다.

혹은 나처럼 생각할 수도 있다. 누구도 지나치게 부유하거나 지나치게 가난해서는 안 된다는 것이다. 그리고 모든 사람이 최소한의 품위를 누릴 수 있어야 한다. 이 또한 하나의 정의이자, 공정의 또 다른 형태일 것이다.

이것은 단지 인류 전체에 관한 거창한 논의가 아니다. 가정이라는 작은 사회에서도 생각해볼 문제다. 예를 들어 자녀에게 용돈을 줄 때를 생각해보자. 장남이나 장녀에게 더 많이 줄 것인가, 용돈이 더 필요한 것 같은 아이에게 더 줄 것인가, 아니면 모두 똑같은 금액을 줄 것인가?

정답은 없다. 이 문제는 옳고 그름을 따질 수 없으며 당신이 세상을 어떤 눈으로 바라보는가에 달려 있다. 다만 한 가지 분명한 것은 있다. 어떠한 결정을 내리기 전에, 그 선택이 누구에게 무엇을 의미할지 생각해야 한다는 것이다.

진정한 공정은 제도나 계산이 아닌 타인을 향한 깊은 성찰에서 비롯되기 때문이다.

의식이 우리 삶에
필요한 이유

 나는 한 세대에서 다음 세대로 군주의 자리를 넘겨주는 그 장엄한 의식에 매료된 적이 있다. 나는 오래전부터 '의식'이 인간 사회에서 얼마나 중요한 역할을 하는지 깊이 느껴왔다. 의식은 연속성과 변화라는 서로 다른 두 요소를 동시에 품고 있기 때문이다. 이 두 가지 요소는 모든 조직에서 필수적이다.

 나는 영국 국교회가 왜 이혼하는 부부를 위한 종교적 의식을 마련하지 않는지 궁금하다. 함께했던 추억과 사랑을 기념하고, 이제 각자의 길을 가는 두 사람에게 축복과 평화를 기원하는 의식이 있다면 얼마나 아름다울까.

이런 생각을 하는 이유는 연속성과 변화가 공적인 삶에서뿐만 아니라 개인적인 삶에서도 매우 중요하다고 믿기 때문이다. 우리는 처음 만났을 때 "안녕하세요"라고 인사하는 법만큼이나, 헤어질 때 "잘가요"라고 품격 있게 작별하는 법도 배워야 한다. 그리고 이를 위해서는 가족 안에서도 의식이 필요하다.

내 생각에는 13번째 생일을 축하할 때 단순히 케이크 하나만으로는 충분하지 않은 것 같다. 그런 점에서 유대교가 13번째 생일을 단순한 기념일 이상으로 축하하는 것은 매우 타당해 보인다(유대인 법에 따르면 남자아이는 13세, 여자아이는 12세가 되면 각각 '바 미츠바'와 '바트 미츠바'라고 하는 성인식을 치른다-옮긴이).

그렇다면 질문해보자. 당신의 조직이나 가정에는 어떤 의식이 있는가? 크든 작든 상관없다. 어떤 의식이든 연속성을 보여주는 신호이자 변화를 떠받치는 기반이 되므로 우리는 그것을 소중히 여길 필요가 있다.

만일 의식이라고 칭할 만한 것이 없다면 지금부터라도 만들어 챙겨보길 바란다.

감사하는 마음을
제대로 전하는 법

 어느 날 아침, 시골의 내가 소유한 별장으로 편지 한 통이 도착했다. 봉투에는 커다란 우표가 붙어 있었고, '영국의 찰스 핸디 교수 앞'이라고만 적혀 있었다. 그럼에도 우리의 경이로운 우편 서비스 덕분에 그 편지는 무사히 내 손에 도착했다.

 봉투를 열었더니 편지지 한 장이 들어 있었다. 다소 서툰 필체로 단 한 문장만 적혀 있었다.

 '찰스 핸디 교수님, 정말 감사합니다.'

 보낸 사람의 주소도 없고, 서명은 알아볼 수 없을 만큼 흐릿했다. 만약 그 편지를 보낸 것이 당신이라면 이 자리를 빌려 정말 감사하다는 말을 전한다. 당신 덕분에 그날 하루가 참 행복했다. 답장을 하지 못한 건 이름을 알아볼 수 없어서였다.

"감사합니다." 이 말은 짧지만 많은 의미를 담고 있다.

그날 오후, 가족과 함께 먹을 크리스마스 음식 재료를 사러 마트에 갔는데, 금액이 상당히 많이 나와서 깜짝 놀랐다.

나는 계산대 직원에게 농담조로 말을 걸었다.

"저 금액 좀 봐요. 나한테 고맙다는 말 정도는 해야 할 것 같네요."

그러자 직원이 미소 지으며 답했다.

"그럴 필요 없어요. 영수증 하단에 감사하단 말이 적혀 있거든요."

물론 그렇게 생각할 수도 있다. 하지만 문제는 '감사합니다'라는 말만으로는 아무런 의미가 없다는 것이다. 반드시 감사를 표하는 사람의 이름과 그 감사를 받는 사람의 이름을 함께 써야 의미가 있다.

고인이 된 엘리자베스 여왕은 버킹엄 궁전에서 훈장을 수여할 때 항상 세심하게 사람들의 이름을 언급하면서 그들의 수훈에 감사를 표했다. 그렇지 않으면 '감사합니다'라는 말은 바람에 흩날리는 먼지나 영수증에 찍힌 활자에 불과할 뿐이다.

우리는 '감사합니다'라는 말을 더 자주, 더 진심으로 전해야 한다. 돈 한 푼 들지 않으면서도, 세상에서 가장 큰 울림을 주는 말이니까. 단, 가능하다면 이름을 꼭 불러주자. 이름과 함께한 그 짧은 한마디가 누군가의 하루를 바꿀 수 있다.

신을 그린 소녀와
배움의 본질에 관하여

 이 이야기의 주인공은 인도 남부에 사는 한 어린 소녀다. 그 아이의 이름도, 가족도, 그 후의 삶도 알려지지 않았지만, 이 이야기가 사실이었으면 좋겠다. 그만큼 아름답고 따뜻한 이야기이기 때문이다. 하지만 오래된 잡지 《리더스 다이제스트 Reader's Digest》에서 읽은 것이니 꾸며낸 이야기가 아니라고는 장담할 수 없다.

 인도 서남부 케랄라주의 한 초등학교에서 일고여덟 살쯤 된 어린 소녀가 교실 맨 뒤에 앉아서 낙서를 하고 있었다. 선생님이 다가와서 물었다.

 "뭐하는 거니?"

소녀가 대답했다.

"신을 그리고 있어요."

소녀의 대답에 선생님이 말했다.

"이상한 소리 마. 신이 어떻게 생겼는지는 아무도 모른단다."

그러자 소녀는 공책을 덮으며 말했다.

"곧 알게 될 거예요. 제가 이 그림을 다 그리면요."

얼마나 자신감 넘치고 용감한 모습인가.

영국 시인 윌리엄 헨리William Henley가 쓴 위대한 시 〈굴하지 않는Invictus〉의 마지막 두 행이 떠오른다.

나는 내 운명의 주인이며,
나는 내 영혼의 선장이다.

아직 글자를 읽지도 못하는 그 어린 소녀는 이 시구의 의미를 완벽하게 구현하고 있었다.

부끄러운 말이지만, 만약 내가 그 선생님이었다면 학생들의 견문을 넓힌다는 명목으로(그리고 학생들에게 잘 보이려고) 학생들을 로마 바티칸까지 데려가 시스티나 성당 천장에 있는 미켈란젤로의 그림을 보여주려 했을 것이다. 미켈란젤로가 그린 신은 친절하지 않은 노인의 얼굴을 하고 있다. 아이들은 아마 감명을 받을 테지만, 자신들의 삶과 연결되지 않는 한, 진정한 배움은 얻지 못했을 것이다.

나는 가끔 영국 시인 알렉산더 포프Alexander Pope의 이름을 빌려 이런 말을 한다.

"교육이란 곱씹어 이해한 경험이다."

포프가 이런 말을 한 적은 없지만, 이 표현이 교육의 본질을 잘 담고 있다고 생각한다. 경험 자체는 학생들 스스로 쌓아야 한다.

나는 3년 동안 MIT에서 경제학과 심리학 분야 거장들의 강의를 들었다. 하지만 솔직히 말해서 기억나는 것은 내 경험을 직접 해석해서 썼던 에세이밖에 없다. 교육이란 곧 잊어버릴 것을 주입하는 것이 아니라, 이미 알고 있지만 이해하지 못하는 것을 끌어내는 것이다.

나는 강의할 때마다 이 점을 되새긴다. 초등학생이 아니라 이미 자기 삶에 너무 열중한 나머지 다른 주제에는 별 관심이 없는 중년의 경영자들을 상대한다는 사실이 어쩌면 다행인지도 모르겠다.

다시 케랄라의 어린 소녀 이야기로 돌아가보자. 소녀가 그린 신은 어떤 모습이었을까? 아빠를 그렸을까, 엄마를 그렸을까? 아니면 머리에 왕관을 쓰고 구름 위에 앉아 있는 왕을 그렸을까?

내 생각에는 그 소녀가 그린 신은 선생님이었을 것 같다. 런던 남서부에서 살던 시절, 내가 만약 일곱 살짜리 딸에게 신을 그려보라고 했다면 틀림없이 같은 상황이 벌어졌을 것이다. 딸이 그린 신은 분명 담임인 고도 선생님의 모습과 비슷했을 것이다. 딸의 세계에서 고도 선생님은 교황 무류성papal infallibility(교황이 결정을 내릴 경우 그 결정에는 오류가 있을 수 없다고 하는 교리-옮긴이)에 상응하는 능력이 있었고, 런던경영대학원의 교수에 불과한 나보다 훨씬 위상이 높았다.

식사 시간에 딸아이가 "고도 선생님이 그러셨는데요"라고 입을 떼면 나는 마음의 준비를 하곤 했다. 그건 곧 고도 선생님이 내 말에 동의하지 않았다는 뜻이었기 때문이다. 딸에게 고도 선생님은 신과 다름없는 존재였다.

나는 고도 선생님에게 정말 감사한 마음이다. 그녀는 내 딸의 상상력을 열어주었고, 삶과 배움의 언덕을 오를 때

의지할 수 있는 든든한 버팀목이 되어주었다. 고도 선생님이 세상을 떠났을 때, 우리 모두는 슬픔에 빠졌다.

이튼 칼리지에는 세상에서 가장 오래된 교실이 있다. 16세기에 학생들이 앉았던 의자에 지금도 아이들이 앉는다. 그 교실 벽에는 라틴어로 이런 말이 쓰여 있다.

'교사의 임무는 각 학생이 가지고 있는 천재성을 이끌어내는 것이다.'

그렇다. 교사의 역할은 가르치는 것이 아니라 숨은 재능을 찾아내는 것이다. 다행히도 내 인생의 스승들은 비록 대단한 수준은 못 되지만 내 안의 천재성을 발견해주었고, 그것이 내 삶을 완전히 바꿔놓았다.

돌이켜보면 사실 내 삶의 방향을 정해준 것은 내가 아니라 내게 더 많은 가능성이 있다고 믿어준 사람들이었다. 그래서 나는 지금도 믿는다. 경영이든 리더십이든 가장 중요한 것은 다른 사람 속에 잠든 재능을 찾아 그것을 발휘하도록 만드는 일이다.

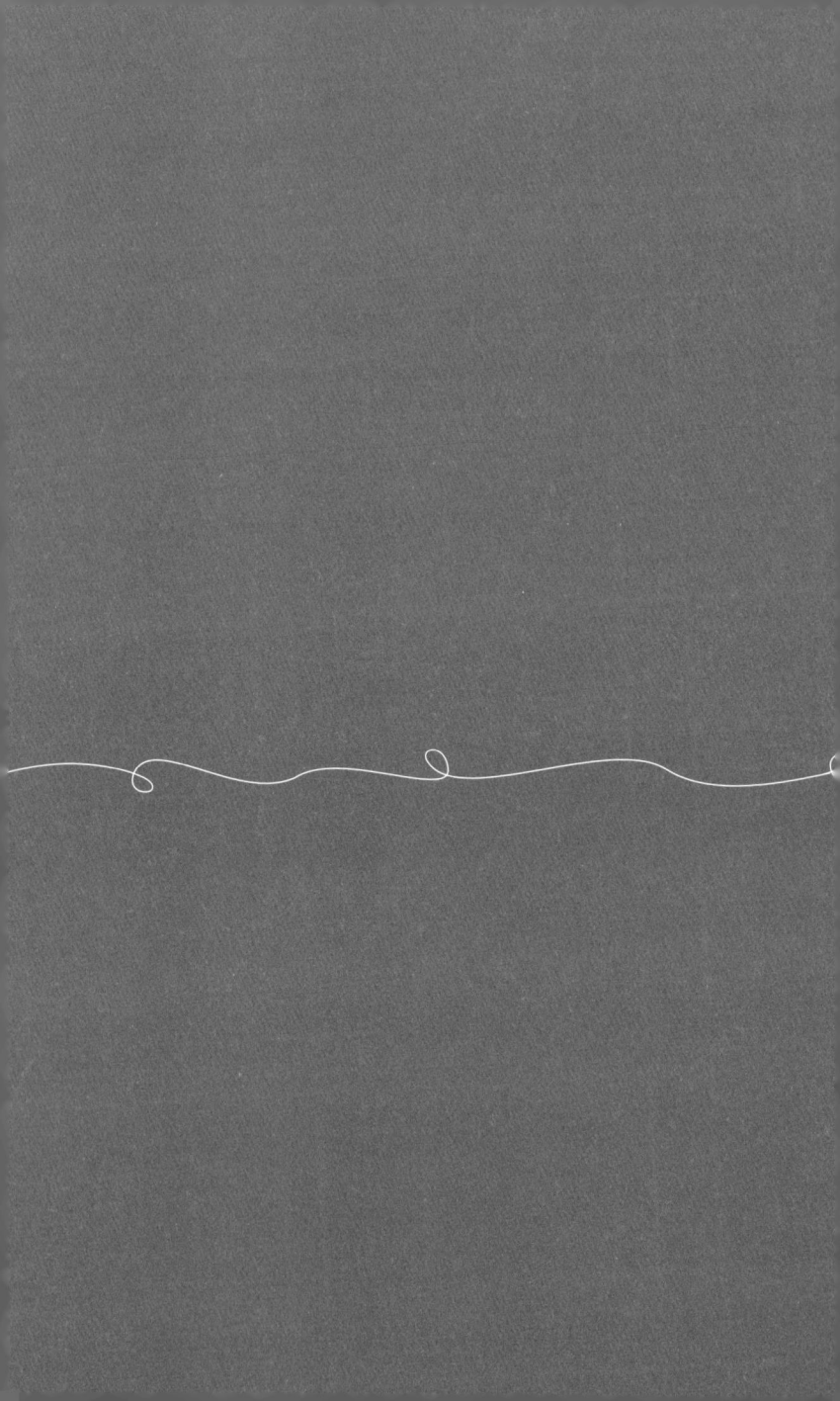

5장

피할 수 없는 시간을 준비하는 것

— 인생과 죽음에 관하여

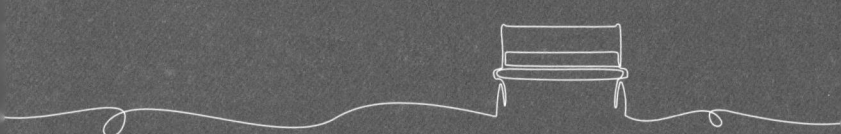

나는 오늘이 인생의 마지막 날이 아니라 앞으로도 더 많은 날들이 남아 있는 것처럼 매일을 살고 있다. 할 수 있는 동안 매일을 충실하게 누리고 즐기려 한다. 나는 지금 아름다운 시골에서 내가 좋아하는 모든 일에 한껏 빠져서 지내고 있다. 다시 한번 느끼지만 지금은 인생에서 정말 멋진 시기다. 노년을 축하하자.

나는 나의 노년을 축하한다

엘리자베스 2세 여왕의 즉위 70년을 기념하는 특별한 주말이었다. 영국 전역이 축하 분위기에 들떠 있었고 우리 가족도 기념일을 맞아 정원에 나무 세 그루를 심었다. 냉장고에는 샴페인이 가득했다. 그때 딸아이가 말했다.
"우리 가족은 축하에 인색한 것 같아요."
나는 물었다.
"무슨 말이냐? 뭘 또 축하해야 한다는 거냐?"
딸아이가 답했다.
"아버지가 아흔 살이라는 것, 그럼에도 여전히 정정하다는 것, 비록 새로운 기술의 도움을 받으시긴 하지만 여전히 글을 쓰고 강의를 한다는 것요. 그건 정말 대단한 일이고, 충분히 축하할 만하다고 생각해요."

장난기 넘치는 손녀가 거들었다.

"맞아요. 왜 우리는 일 년 내내 매일 아침 식사에서 샴페인을 마시면 안 되는 거예요? 너무 멋질 것 같은데요."

나는 이렇게 대답했다.

"그러면 좋겠지. 하지만 그러면 너는 속이 울렁거리고, 나는 두통이 생길 게다."

나는 나 자신을 축하할 생각은 없다. 하지만 기꺼이 축하하고 싶은 것은 있다. 바로 '노년'이다.

대부분의 사람은 인생에서 노년이 얼마나 멋진 시기인지 모른다. 나는 이제 아흔이 넘었고, 거동이 많이 불편하다. (이런, 요즘 식으로 '이동성 문제'가 있다고 말했어야 했는데.) 어쨌든 오래 걸을 수가 없다. 이 말인즉, 노퍽 시골에 있는 편안한 집에 갇힌 수감자 신세라는 것이다.

동반자가 없으면 어디에도 갈 수 없다. 가능한 한 모터가 달린 이동 수단을 이용하고, 그렇지 않으면 손주들이 밀어주는 내 전용 휠체어를 탄다.

그럼에도 나는 왕족처럼 살고 있다. 내 힘으로 아무것

도 하지 않아도 된다. 손가락만 까딱하면 누군가 달려와서 무엇이 필요한지를 묻는다. 나를 돌봐주는 간병인은 짐바브웨 출신의 영국 시민권자인 유쾌한 젊은 여성이다. 옷을 입히고 벗기고, 요리를 해주며, 약 먹는 시간을 알려주는 등 모든 것을 도와주고 있다.

사실 왕족과 다를 바 없다. 불평할 일이 뭐가 있겠는가? 잘 먹고 잘 지낸다. 거동 문제만 제외하면 건강하다. 어디 통증도 없다. 무엇보다 그동안 미뤄왔던 독서를 마음껏 하고 있다. 로마가 불타고 있을 때 류트$_{lute}$(기타와 비슷한 현악기-옮긴이)를 연주했던 네로 황제처럼, 나는 모차르트의 음악을 들으면서 세상의 혼란을 지켜본다.

요즘의 나는 마치 무임승차자이자 사회를 몰래 엿보는 관객이 된 것 같다. 그 사실에 죄책감이 약간 들기도 하지만, 너무 늙어서 누구에게도 실질적인 도움이 안 될 것 같다는 생각도 든다. 그렇다면 차라리 여생을 느긋하게 즐기는 편이 낫지 않겠는가? 그 생각에 정말 그렇게 지내고 있다. 어쩌면 조금 과하게 즐기는지도 모르겠다. 간병인은 식사할 때 내게 와인 한 잔을 허락해준다. 주로 TV로 영화를 아주 많이 보는데, 너무 우울해질까 봐 뉴스는 되도록 보지 않는다. 그러니 좋지 않을 일이 뭐가 있겠는가?

물론 많은 사람에게 노년이 무척 힘겨운 시간일 수 있다는 걸 안다. 내가 매우 운이 좋다는 사실도 알고 있다. 다만 내가 말하고 싶은 것은 노년과 함께 다가오는 피할 수 없는 죽음에 대한 인식 그 자체가 슬픔의 이유가 되어서는 안 된다는 것이다.

나는 오늘이 인생의 마지막 날이 아니라 앞으로도 더 많은 날이 남아 있는 것처럼 매일을 살고 있다. 남은 시간이 점점 줄어들고 있으니, 할 수 있는 동안 매일을 충실하게 누리고 즐기려 한다.

창밖의 아름다운 풍경을 바라본다. 거의 날마다 어느 순간엔가 햇살이 비친다. 비록 도움을 받지 않고는 멀리까지 걸을 수 없지만, 매일 아침 식사 후 의자에서 일어나 정원을 천천히 걷는다. 아직 걸을 수 있다는 것을 스스로에게 증명하기 위해서다.

어떤 경우든 내 마음에 드는 옷을 입을 수 있고, 무엇을 입든 아무도 반대하지 않는다. 오늘이 무슨 요일인지 잊어버릴 수도 있지만, 사람들은 그저 '나이 들면 그럴 수도 있지. 딱한 양반 같으니'라고 생각할 뿐이다. 그래도 나는 불평하지 않는다.

사람들은 내 기발한 아이디어에 귀를 기울이고 왠지 나를 현명한 사람으로 생각한다. 물론 나는 그런 사람이 아니다. 하지만 나이가 들면서 자연스레 생기는 일종의 권위에 존경을 표하는 것 같다. 그러니 그 특권을 누리는 게 어떨까?

나는 지금 아름다운 시골에서 내가 좋아하는 모든 일에 한껏 빠져서 지내고 있다. 다시 한번 느끼지만 지금은 인생에서 정말 멋진 시기다. 얼마 전 아들은 이런 말을 했다.

"만약 노년이 이런 거라면 어서 늙고 싶네요."

노년을 축하하자. 노년을 축하하기 위해 내가 매일 하는 의식이 있다. 영국 작가 루이스 캐럴Lewis Carroll의 《이상한 나라의 앨리스》에 등장하는 유쾌한 헛소리로 구성된 시 〈재버워키Jabberwocky〉에서 영감을 얻은 것이다. 시 속에서 한 남자가 아들이 무시무시한 괴물 재버워크를 죽였다는 소식을 듣고 기쁨에 겨워 외친다.

'네가 재버워크를 죽였구나.
어서 내 품에 안겨라, 빛나는 내 아들아!

오, 멋진 날이구나. 카화자! 구타!'

그는 기뻐서 웃음을 터뜨렸다.

매일 아침 눈을 뜨면 나는 이웃들(어차피 너무 멀리 떨어져 있어서 들리지도 않겠지만)을 향해 외친다.

"오, 멋진 날이구나. 카화자! 구타!"

그러고는 나도 기쁨에 겨워 웃는다. 왜냐하면 나는 깨어 있고, 살아 있기 때문이다.

이미 황혼기에 접어들었거나 노년을 앞둔 사람들에게 권하고 싶다. 나처럼 이 의식을 실행해보라고, 그리고 〈재버워키〉도 꼭 읽어보라고. 모든 것이 반대로 보이는 거울 속 세상에서는 말도 안 되는 소리도 종종 진실이 되는 법이다.

장담컨대, 노년은 정말 멋지고 경이로운 시절이 될 수 있다. 인생은 여전히 즐겁다. 카화자! 구타!

신에게 보내는 마지막 편지

신이시여,

당신에게 실망했다는 이유로 요즘 당신을 너무 매몰차게 대했던 것 같습니다. 나는 당신께 매번 도움을 청했지만 아무 일도 일어나지 않았습니다. 답이 떠오르지 않을 때는 나도 모르게 이렇게 생각하고 있더군요.

'그건 신만이 아시겠지.'

분명 당신은 알고 있지만 아무 말도 해주지 않습니다. 비틀거리다가 또다시 넘어질 때도 속으로 '신이여, 일으켜 주소서'라고 기도하지만, 역시 아무 일도 일어나지 않습니다. 그럴 때마다 저는 당신께 실망했습니다.

어린 시절, 저를 지켜준 사람은 당신이었습니다. 약간은 엄격하지만 자애로운 교장 선생님 같았죠. 당신의 규칙만 지키면 모든 일이 잘 될 거라 믿었습니다. 하지만 이제 그 규칙이 내가 누구인지, 이 세상에서 무엇을 해야 하는지는 설명해주지 못합니다. 도움을 청하고자 하는 마음에 기도할 때면 그저 혼잣말을 하는 것 같습니다.

그런데 곰곰이 생각해보니 그게 나쁜 일만은 아닙니다. 신학적인 관점에서 당신이 저를 당신의 형상처럼 창조했다면 어떤 의미에서 저는 당신과 같은 존재입니다. 그러니 내 삶에 대한 책임을 지는 것은 내 몫입니다. 모든 것을 당신에게 떠맡기고 실망한 끝에 비로소 깨달았습니다. 결국 내 몫이었던 겁니다. 제가 당신과 같은 존재라면, 나 자신 외에는 이야기할 사람이 아무도 없는 겁니다. 그리고 그건 꽤 괜찮은 일입니다. 기분이 좋은 상태라면 나는 내 질문에 꽤 훌륭한 답을 해줄 수 있으니까요.

당신은 왜 저를 이 세상에 두셨을까요? 그 이유를 이제는 조금 알 것 같습니다. 스토아학파가 '로고스'라고 부르고, 자연사학자 데이비드 애튼버러David Attenborough가 자신의 다큐멘터리에서 '지구의 이야기'라고 부른, 세상을 이루는 거대한 질서의 일부이기 때문입니다. 겨울이 지나면 봄이 오고, 봄이 지나면 여름이 오는 것처럼 세상이 조화를 이루도록 만물이 결합하는 방식의 일부인 것이지요. 우리는 그 조화의 일부로서 인류를 위해 이 세상에 잘 대처할 필요가 있습니다.

지금 이 순간 기후변화에 맞서 싸우고, 어린아이들의 목숨을 위협하는 대기를 정화하고, 모든 것의 속도를 늦추고, 자연을 가까이하며 순리대로 살아가야 하지요.

저는 지금 노퍽의 들판 한가운데 살고 있습니다. 순리에 따르는 삶이지요. 해가 뜨면 일어나고, 해가 지면 잠자리에 듭니다. 온갖 악천후에 시달리지만, 저는 이 집이 정말 좋습니다. 고약한 날씨와 거리를 둔 채 집 안에 앉아, 뼈대처럼 앙상하게 서 있는 나무들의 아름다움에 감탄합니다. 몸이 건강해진다면 매일 아침 숲길을 걸으면서 바람에 흔들리는 나뭇잎 소리에서 영감과 힘을 얻고 싶습니다.

예전에는 당신에게 다가가고 있는 중이라고 말하곤 했지요. 지금은 그것을 캔터베리 대주교(영국 성공회의 최고 성직자-옮긴이)처럼 걷기 명상이라고 부르지만, 결국에는 같은 것이더군요. 자연과 더 가까워질수록 더 나은 삶을 살게 되고, 그만큼 내 생각도 맑고 유용해집니다.

저는 요즘 그리스 철학자들에게 마음을 빼앗겼습니다. 그들은 신의 존재나 인생의 신성한 목적에 대해 논하지 않습니다. 삶의 목적은 진정한 행복을 추구하는 것이라고, 타인을 돕기 위해 최선을 다하는 것이라고 했습니다. 타인을 위해 자신이 가장 잘할 수 있는 일에서 최선을 다하는 것이라고요.

다시 말해 작년 기록을 경신하기 위해 마라톤을 뛰는 것은 의미가 없습니다. 하지만 그 마라톤이 어떤 자선단체나 학교에 기부하게 만드는 것이라면 전혀 다른 이야기가 됩니다. 그때 달리기는 자기 만족을 넘어 타인을 위한 좋은 일이 됩니다.

그 순간 우리는 자연에 생명을 불어넣고, 시간의 모래 위에 발자취를 남깁니다. 그 흔적은 사라지지 않습니다. 그런 의미에서 우리는 불멸의 존재입니다.

신이시여,

당신의 언어로 표현하자면, 행복이란 당신과 함께 걷고 당신과 함께 혹은 예수 그리스도 안에서 사는 것이라고 말할 수 있습니다. 하지만 저는 예수님보다는 당신에게 더 공감하는 것 같습니다. 인기 아이돌 같은 그의 외모가 마음에 들지 않습니다. 사람들이 그를 숭배하는 방식도 때로는 우상 숭배처럼 보입니다. 당신이 직접 주신 십계명을 보면 당신 역시 그런 숭배를 좋아하지 않았습니다. 그럼에도 저는 당신의 성령과 교감하고 있음을 느낍니다. 그것이 저를 고양시키고, 제게 도움의 손길을 건네고, 용기를 북돋우고, 생각할 힘을 줍니다.

그렇기에 신이시여,

죄송하지만 이제 더 이상 당신이 필요하지 않다는 결론에 이르렀습니다. 솔직히 말해서 좋은 일이라는 생각도 듭니다. 제 인생을 두고 당신에게 너무 많은 책임을 떠넘겼지만 이제는 제 몫을 스스로 감당해야 합니다. 당신이 저를 당신의 형상으로 창조했다면 분명 저도 할 수 있을 겁니다. 세상을 창조할 수는 없겠지만, 세상을 이끌고 있는 사람들이 되도록 지구에 해를 끼치지 않고 더 잘할 수 있도록 독려하면서 세상을 개선시킬 수는 있겠지요.

머지않아 저는 이 세상을 떠날 겁니다. 어디로 갈지는

모릅니다. 제가 왔던 별빛의 세계로 조용히 사라지겠지요. 하지만 이곳에 무언가를 남기고 가기를 바라고 있습니다. 그것이 바로 저의 불멸이니까요.

영국 소설가 줄리언 반스Julian Barnes는 이렇게 말했습니다. "나는 신을 믿지 않지만, 신이 그립다."

예전에는 저도 그렇게 생각했지만, 더 이상 당신이 그립지 않습니다. 혼자 힘으로 해낼 겁니다. 하지만 당신이 도와준다면 정말 감사히 여기겠습니다.

또 다른 나의 삶을 상상하며

살다 보면 지금껏 이룬 일들에 불만이 생길 때가 있다. 나 역시 그런 때가 종종 있다. 물론 내가 쓴 책은 꽤 많이 팔렸다. 그러나 그게 대체 무슨 의미가 있을까? 대부분의 사람은 그중 한 권도 읽어본 적이 없을 테니 말이다.

그런 생각을 하면서 나는 내가 살 수도 있었던 삶을 담은 새로운 자서전을 개략적으로 써보기로 했다.

이번에는 나를 아일랜드 서부의 아름다운 대저택을 상속받은 인물로 설정해본다. 나는 하원의원이자 자유민주당 정부의 차관이 되어, 헌법을 개정하는 새로운 법안인 일명 '핸디 법안'의 주도적인 입안자가 되었다.

이 상상의 세계 속에서, 영국은 잉글랜드, 스코틀랜드, 웨일스, (연합)아일랜드 이렇게 네 개의 독립 공화국으로 구성된 연방 조직으로 재정립되었다. 각 공화국은 상원 대신 '원로원'이라 불리는 의회를 구성한다. 그곳의 대표 네 명은 자동적으로 유럽 의회 의원으로 선출된다. 그리고 유럽의 의사결정 과정에서 언제나 영국 의회의 목소리가 반영되도록 했다.

이후 나는 정치적 기여를 인정받아 기사 작위를 받았고, 컨설턴트로서의 공로에 대해 충분한 금전적 보상을 받았다.

경제적으로 여유가 생겼고 내가 발의한 핸디 법안은 의회를 통과하면서 정치권 안팎의 칭송을 받았다.

의자에 편히 앉아 완성된 자서전의 개요를 읽다 보니 그 가상의 내 삶이 아주 만족스러웠다. 부고 기사를 작성하는 이들이 지금의 초라한 내 삶은 무시하고 이 가상의 삶을 기억해주었으면 싶었다.

하지만 영국 시인 T. S. 엘리엇의 시 〈동방박사들의 여행 Journey of the Magi〉 속 현자들처럼, 나는 내 원래 자리로 돌아와 그것을 처음으로 새롭게 보게 되었다.

세상을 변화시키려 애쓰는 가상의 삶보다는 지금처럼 세상을 관찰하고 사유하며 내 목소리로 세상사에 대해 독자적으로 논평하며 지내는 현재의 삶이 훨씬 더 만족스럽다.

당신에게도 당신 자신만의 새로운 삶을 식섭 써볼 깃을 권한다. 그 과정에서 지금의 삶이 생각보다 괜찮다는 사실을 깨닫게 될지도 모른다. 나는 분명 그랬다. 아마 당신에게도 도움이 될 것이다.

하지만 연방 국가로서의 영국을 보고 싶은 마음은 변함없다.

마음속 깊은 곳에서 들려오는 시의 울림

 플라톤의 사상은 여러 면에서 틀렸지만, 동시에 놀라울 만큼 옳은 부분이 많다. 특히 기원전 370년에 그가 남긴 말은 오늘날에도 유효하다. 플라톤은 문자의 발명으로 사람들이 더 이상 기억에 의존하지 않게 될 것을 걱정했다고 한다.

 내가 아일랜드에서 초등학교에 다닐 때, 선생님들은 매주 새로운 시를 외우게 했다. 나는 늘 짧은 시를 골랐지만, 그중에는 훌륭한 시도 있었다. 개인적으로 나는 아일랜드 시인 W. B. 예이츠William Butler Yeats를 가장 좋아했다. 죽기 전에 그의 모든 시를 외우는 것이 내 소원인데, 첫 번째 시는 〈이니스프리의 호수 섬 The Lake Isle of Innisfree〉이다.

> 나 이제 일어나 가리라, 이니스프리로 가리라.
> 그곳에 나뭇가지와 진흙으로
> 조그만 오두막 한 채 짓고,
> 아홉 이랑 콩밭을 일구고 꿀벌 집을 하나 지어
> 벌들이 윙윙거리는 가운데 혼자 살리라.
>
> 그리하여 그곳에서 평화를 누리리라,
> 물방울처럼 천천히 떨어지는 평화를,
> 아침 장막에서 귀뚜라미 노래하는 곳으로
> 떨어지는 평화를.
> 그곳은 한밤중에는 만물이 희미하게 빛나고,
> 한낮에는 자줏빛으로 빛나며,
> 저녁에는 홍방울새들의 날갯짓 소리가 가득하다네.

읽을 때마다 마음이 아주 차분해지는 느낌이다. 플라톤이 말한 기억의 힘이 이런 게 아닐까? 실제 노팅엄트렌트대학교의 연구에 따르면, 하루에 시 한 편을 읽거나 외우는 것이 항우울제만큼 효과적이라고 한다. 한번 시도해보자. 나중에 내 무덤가에서 이 시를 암송하고 있는 내 목소리를 들을지도 모른다.

> 나 이제 일어나 가리라, 밤이나 낮이나
> 호숫가에서 나지막이 찰랑대는 물결소리가 들려오고,
> 도로 위나 회색 인도 위에 서 있으니
> 마음속 깊은 곳에서 그 소리가 들리네.

천국이 이런 곳이라면 나는 정말 행복할 것이다.

참고로 《오늘의 시 Poem for the Day》라는 책을 추천한다. 셰익스피어부터 키플링, 마야 안젤루, 캐롤 앤 더피까지, 하루 한 편씩 읽을 수 있도록 여러 시인의 시가 총 365편 실려 있다.

매일 한 편의 시를 외우는 것이 벅차다면 적어도 하루에 한 번 천천히 큰 소리로 읽고 음미해보자. 당신을 '마음속 깊은 곳으로' 인도해줄 것이다. 어느새 우울감이 문 밖으로 사라져 있을 것이다.

부서진 자리에서
더 강해진다는 것

어느 날 우리 집에 찾아온 손님이 책 한 권을 선물해주었다. 한눈에 봐도 묵직하고 특별해 보이는 책이었다. 책 제목이 《킨츠기》였는데, 무슨 책인지 전혀 감이 오지 않았다.

책을 펼치자 그릇과 접시, 꽃병 같은 아름다운 일본 도자기 사진이 눈에 들어왔다. 그런데 자세히 보니 이 물건들은 한때 깨졌던 조각들을 다시 붙여 만든 것이었다. 다만 완전히 새것처럼 복원된 것은 아니어서 원래 모습과는 전혀 달라 보였다. 일본의 전통 수선 기법인 '킨츠기kintsugi'로 수선된 것이었다. 킨츠기 기법은 옻에 금가루(때로는 은

이나 백금가루)를 섞어 만든 접착제로 깨진 조각들을 붙이는 것이다. 접착제가 마르면서 수선된 그릇은 원래보다 더 단단해지고, 깨진 조각이 붙은 자리에는 금색 줄무늬가 선명하게 드러난다. 마치 황금빛 흉터 같다. 원래 모습과 같지는 않지만, 그 자체로 아름답다. 어쩌면 원래보다 더 아름답기도 하다. 책에 소개된 물건들은 그 금색 줄무늬를 따라 고운 빛을 내고 있었다.

일본인들은 여기에서 인생에 대한 교훈을 읽어냈다. 삶에서 우리를 '부서지게' 하는 일들이 오히려 우리를 더 강하고 단단한 존재로 만들고, 결국 그것이 바로 우리의 역사가 된다는 것이다.

이제는 고인이 된 내 아내는 노인들, 특히 할머니들의 얼굴 사진 찍는 것을 무척 좋아했다. 아내는 이렇게 말하곤 했다.

"그 얼굴들이 참 아름다워요. 많은 걸 말해주죠. 마치 태피스트리tapestry처럼 한 사람의 인생이 얼굴 위에 수놓아져 있는 것 같아요."

그땐 아내의 말이 조금 과장되게 들렸다. 그런데 어느 날 아침, 면도를 하려고 거울 속의 내 얼굴을 들여다보다가 문득 이런 생각이 들었다.

'이런, 인간이란 참 초라한 존재구나. 특히 지금 거울 속이 남자는 더욱 그렇고. 늙고 주름지고 말라비틀어진 내 모습 좀 봐.'

그때 처음으로 깊게 주름진 이마가 어떤 모습인지를 실감했다. 마치 쟁기질을 해놓은 밭처럼 이마를 가로지르는 그 평행선들은 내가 읽고 썼던 수많은 책들, 즉 내 삶의 성과를 보여주는 증거였다. 이 주름들을 금색 줄무늬로 새길 수 없다는 게 참 안타까울 뿐이다. 그러면 아름답진 않더라도 적어도 흥미로운 인상은 주었을 텐데 말이다.

하지만 현실은 이렇다. 이마에는 깊은 주름만이, 양쪽 귀 옆에는 하얗게 세어버린 머리카락 몇 가닥만이 남아 있다. 다른 신체 부위도 빠르게 쇠약해지고 있다. 머지않아 나도 셰익스피어가 묘사한 노인의 모습처럼 "이도 없고, 눈도 보이지 않고, 미각도 잃고, 아무것도 없는" 사람이 될 것이다.

다행히 거울에는 쇠약해진 다리나 팔까지는 비치지 않았다. 세월은 머금은 얼굴만 보일 뿐이었다. 다시 얼굴을 바라보았을 때, 내 눈가에는 눈물이 맺혀 있었다. 몇 해

전 세상을 떠났지만 여전히 내 마음에서 사라지지 않은 아내가 더욱 생각났다. 아내는 매일 아침저녁으로 내 마음과 기억 속에 여전히 살아있다. 정말 얼마나 그리운지 모른다. 그 증거는 눈물 어린 내 두 눈 속에 있다.

시력이 약해진 것도 세월의 흔적이다. 오랜 세월 글을 쓰며 컴퓨터 화면을 너무 오래 들여다본 탓이다. 하지만 이 또한 내 성취의 일부다.

결국 내 얼굴은 수선된 얼굴이다. 킨츠기 기법처럼 수선되고, 수많은 상처와 경험으로 이어붙인, 삶의 역사를 가득 담은 얼굴인 셈이다.

나는 늘 이렇게 말하곤 한다.

"지혜란 평온함 속에서 이해된 경험이다."

몇 년 전 뇌졸중을 겪은 이후 어쩔 수 없이 전에 비해 활동적이지 않은 삶을 살아야 했지만, 마음은 오히려 평온해졌다.

그리고 인생의 긴 여정을 되돌아보며 그 굴곡 속에서 배운 것들을 떠올려보는 일은 지금 내게 큰 기쁨이다. 감히 지혜라고 부를 만한데, 내가 그것을 제대로 설명만 할 수 있다면 언젠가 다른 사람들에게 도움이 되었으면 한다.

내 얼굴이 내 인생의 태피스트리인 것처럼, 당신의 얼굴도 마찬가지다. 그 위에는 당신의 세월과 상처가 새겨져 있다. 그 나름의 아름다움과 흥미를 불러일으킬 텐데, 내 아내가 그랬던 것처럼 당신의 얼굴 사진을 찍어줄 사람이 있다면 더욱 그럴 것이다.

미국 소설가 헤밍웨이는 이렇게 말했다.

"세상은 우리를 부서뜨리지만, 그 후에 많은 사람이 그 부서진 자리에서 더 강해진다."

이것이 바로 킨츠기의 철학이다. 넘어져도 다시 일어서면 더 단단해진다. 그리고 그 경험을 통해 성숙해질 것이다. 얼굴에는 상처나 멍이 들 수 있지만 그 흔적은 당신의 얼굴을 흥미롭게 만든다.

열세 살의 어리고 아름다운 얼굴에는 흠 하나 없을지 모르지만, 동시에 아직 역사도 흔적도 없다. 세월이 지나 낡고 닳을수록 더 흥미로운 사람이 될 것이다. 특히 그 인생을 평온한 마음으로 되돌아볼 수 있다면 말이다.

킨츠기 기법처럼 자신의 상처받은 부분을 되돌아보고 지혜로 바꿀 수 있는 기회야말로 노년의 축복이라고 말하고 싶다.

흥미로운 사람이 된다는 건, 어떤 의미에서 아름다운 존재가 되는 것이다. 이제 나는 아침마다 거울에 비친 내 얼굴을 봐도 움찔하지 않는다. 그저 스스로에게 이렇게 말할 뿐이다.

"어이, 나이 든 양반, 당신은 이미 다 겪었네. 그래도 아직 살아 있는 게 얼마나 다행인가."

묘비에 남겨야 할 마지막 한 문장

친분이 있는 유명 기자의 책 사인회에 간 적이 있다. 그는 내가 오는 것을 보고 펜을 내려놓더니, 내게(그리고 주변 사람들에게) 말했다.

"아, 찰스. 내가 만난 사람 중 가장 현명한 사람!"

나는 인사를 건네며 말했다.

"오, 고맙습니다. 그 말을 서명과 함께 적어주시겠어요?"

그가 대답했다.

"물론이지요."

그 순간 이런 생각이 들었다.

'음, 정말 좋은 칭찬이군.'

그런데 잠시 후, 옆방에서 다과를 먹으며 이야기를 나누는 중에 어떤 여성이 내 아내에게 이렇게 말했다.

"리즈, 당신은 내가 아는 사람 중에 가장 다정한 분이에요. 어떻게 그럴 수 있죠?"

그 말을 듣는 순간, 나도 모르게 살짝 질투가 났다.

나중에 차 안에서 아내에게 말했다.

"나는 현명한 사람이란 말보다 다정한 사람이란 말을 듣고 싶어."

아내가 이렇게 대꾸했다.

"그러면 지금 시작하는 게 좋을 거예요. 아직 갈 길이 멀어서요."

결혼생활이란 이런 것이다. 그때 문득 생각했다.

'삶의 여러 영역에서 나는 사람들에게 어떤 형용사로 기억되기를 바랄까?'

예를 들어 할아버지로서 나는 손주들이 나를 '친절하고 재미있는' 사람으로 기억해주기를 바랐다. 하지만 친절하고 재미있는 사람은 내가 운영하던 조직에서 통하지 않았을 것이다. 관리자이자 리더로서 나는 정직하고 공정하고 믿음직할 뿐 아니라 당연히 현명한 사람으로 보이기를 원했다.

남편으로서 나는 솔직히 외모가 뛰어난 편은 아니기에 재미있고 믿음직하며 신뢰할 만한 사람이 되려고 애써왔다.

대부분의 친구 관계에서도 마찬가지였다. 나는 내가 함께 있으면 편하고 의지할 수 있는 사람이기를 바랐다. 그리고 낯선 사람에게는 따뜻하고 친절하게 다가가는 사람이고 싶었다.

삶에서 내가 맡은 모든 역할을 훑어보니 두 가지가 또렷이 보였다. 첫째, 나는 더 친절하고 다정해지기 위해 노력해야 했다. 둘째, 사람들은 내가 믿음직하고 신뢰할 수 있는 사람이기를 바랐다.

내가 얼마나 현명한 사람인지는 중요하지 않았다. 그들이 나를 믿고 의지할 수 없다면 그런 것은 아무 소용이 없었다.

나는 이 성찰이 꽤 유용했다고 생각한다. 더 많은 사람이 이 훈련을 해보면 좋겠다. 한번 스스로에게 물어보자.

'사람들이 나를 어떤 형용사로 표현해주기를 원하는가?'
'당신의 묘비에 어떤 문구가 새겨졌으면 하는가?'

'그는 현명하고, 정직하고, 믿음직하고, 친절한 사람이었다.'

인생의 마지막을 향해가는 지금, 스스로를 돌아보며 내가 여러모로 부족했다는 사실을 깨닫고 있다. 이제 와서 어떻게 해야 이것을 바로잡을 수 있을까?

몇 가지는 '응급처치'처럼 조금 손볼 수 있을 테지만, 대부분은 이미 늦었을지 모른다. 어떤 의미에서는 내 인생의 일부를 낭비한 셈이다.

그러나 내 자식들과 손주들이 나를 보고 배울 수 있기를 바란다. 사람들이 오래 기억하는 것은 결국 친절, 믿음, 정직, 공정 같은 흔히 드러나지 않는 미덕이다. 당신이 받은 상이나 당신이 번 돈이 아니다.

그러니 아직 삶이 많이 남았을 때, 사소한 잘못을 고칠 시간이 있을 때 내가 했던 훈련을 시도해보는 건 어떨까?

태초에 만물의 자연적 질서가 있었다

요즘 내가 가장 존경하는 인물은 에픽테토스$_{Epictetus}$이다. 그는 고대 윤리학에서 스토아학파를 대표하는 위대한 철학자였다. 스토아학파는 이 세계가 소위 '만물의 자연적 질서'에 의해 지탱된다고 생각했다. 자연을 생각해보자. 모든 것은 겨울을 지나 봄이 오면 소생했다가 여름을 지나 가을을 거쳐 다시 겨울이 되면 소멸한다.

기차 창밖으로 보이는 아름다운 초록 들판도 8월이면 황금빛으로 물들어 절정의 아름다움을 뽐내다가, 추수 시기가 오면 밀이 되고, 결국에는 빵을 만드는 밀가루가 된다. 이 모든 것이 만물의 자연적 질서에 따른 과정이다.

그리스어로 '로고스'는 주로 '말'이라고 번역되지만, 사실 그보다 더 큰 의미를 담고 있다. 에픽테토스에게 로고스란 '만물의 자연적 질서'다. 이것을 줄여서 '신'이라고 불렀기 때문에 그는 신을 보고 싶다면 자연을 보라고 했다. 그리고 자기 자신을 보고 싶으면 마찬가지로 자연을 보라고 했다. 모든 사람은 만물의 자연적 질서에 속한 존재기 때문이다.

그렇다면 밀밭의 곡식처럼, 나 역시 때가 되면 이 세상에서 사라질 것이다. 하지만 내 삶의 시간은 아직 끝나지 않았다. 나는 아직 기억으로만 존재하지 않으며 내 본연의 모습인 별의 먼지로 흩어지지도 않았다. 마치 밀이 수확과 가공의 과정을 거쳐야 비로소 밀가루로 완성되는 것처럼, 나 또한 거룩한 손길이 나를 거두고, 내 말이 누군가의 기억 속에 남을 때 비로소 완성될 것이다.

흥미로운 점은 많은 스토아학파 철학자가 어떤 면에서는 기독교도와 비슷한 신념을 가졌다는 사실이다. 그들은 신이 만물의 자연적 질서 속에서 드러난다고 믿었다. 자연을 바라보는 일 자체가 곧 신을 보는 일이었다. 은빛 자작나무를 떠올려보라. 너무나 아름답지만 아무리 훌륭한 화가라고 해도 그 화려한 디테일을 완벽히 담아낼 수 없다. 잎사귀 하나하나가 모두 다르기 때문이다. 그 점에서 모든 잎사귀는 인간과 아주 닮아 있다.

때가 되면 자작나무의 잎사귀들이 황갈색으로 물들고 결국에는 떨어져 인도 위에 쌓인다. 그리고 이내 한데 모아져 태워질 것이다. 마치 나처럼 말이다. 지금 이 순간 나는 다른 모든 이들과 마찬가지로, 인간이지만 동시에 유일무이한 단 하나의 존재로 살아가고 있다. 존 스미스가 아니라 찰스 핸디로서 말이다.

그 사실은 묘하게 위안이 된다. 그리고 재미있게도 많은 기독교 작가 역시 스토아학파거나 에픽테토스의 사상을 따랐다. 요한을 생각해보자. 신약성경에서 요한복음은 이렇게 시작한다.

> '태초에 말씀이 계셨다. 이 말씀이 하느님과 함께 계셨으니 이 말씀은 곧 하느님이셨다. (중략) 만물이 말씀을 통하여 생겨났고 이 말씀 없이 생겨난 것은 하나도 없었다.'

여기서 '말씀'은 그리스어 '로고스'를 직역한 것이지만, 이 그리스어를 '만물의 자연적 질서'로 다시 번역하면 이렇게 된다.

'태초에 만물의 자연적 질서가 있었다. 이 만물의 자연적 질서가 신과 함께 있었으니 이 만물의 자연적 질서가 곧 신이었다. 만물의 자연적 질서와 신 안에 속하지 않는 것은 그 무엇도 없다.'

이 해석은 내 마음에 깊이 와닿는다. 숲을 걷는다는 것은 신과 함께 걷는다는 뜻이니, 그보다 더 기분 좋은 일도 없을 것이다. 잎사귀 하나하나가 저마다 완벽하다는 것, 그리고 서로 다르지만 동시에 근본적으로 하나라는 사실은 큰 위안이 된다.

오늘 한번 그 점을 곰곰이 생각해보자. 당신은 유일무이한 특별한 존재다. 그러나 동시에 자연의 질서 속에서 살아가는 존재기도 하다. 안타깝지만 언젠가 당신 역시 이 세상을 떠날 것이다. 하지만 당신을 알고 사랑했던 사람들의 기억 속에서 다시 빚어져 살아갈 것이다. 그것이 바로 당신의 내세고, 또 다른 삶이고, 진정한 의미의 마지막이다. 또한 그것이 만물의 자연적 질서 속에서 당신이 존재하는 이유다.

피할 수 없는
죽음의 순간을 준비하며

나는 우리가 언제나 예상치 못한 곳에서 지혜를 얻는다고 생각한다. 이를테면 청소 아주머니가 (아니, 그녀가 좋아하는 표현대로라면 우리 가정부가) 자주 쓰는 말이 있다. 바로 "괜찮아요"라는 말이다. 내가 식탁보에 와인 한 잔을 쏟으면 그녀는 곧장 달려와 환하게 웃으며 말한다. "괜찮아요." 내가 이해하기로, 그 말의 진짜 의미는 이렇다. 삶의 큰 틀에서 보면 그리 중요하지 않고 곧 잊힐 일이니 신경 쓰지 말라는 뜻이다. 그러니 기죽지 말고 넘어가라는 따뜻한 위로다.

이 단순한 말이 때로는 헷갈리기도 하지만 언제나 이상

하리만큼 위안이 된다. 우리가 원저성으로 이사해 필립 공과 함께 일하게 되었다고 말했을 때도 그녀는 웃으며 "괜찮아요"라고 답했다. 그 낯선 곳의 까다로운 의전 절차 속에서 혼란스러울 때마다 나는 줄곧 속으로 그 말을 되뇌었다. '괜찮아.' 그 한마디만으로 마음이 한결 편해섰다. 그리고 정말로 그 일들은 별문제 없이 지나갔다. 인생이 늘 그렇듯, 모든 것은 제자리로 돌아왔다.

그런데 언젠가 그 익숙한 '괜찮아요'가 전혀 다르게 들려 깜짝 놀란 적이 있었다. 어느 날 아침 눈을 떴는데, 몸에 힘이 하나도 없었다. 틀림없이 심장마비가 올 거라는 생각이 들었다. 이미 그런 경고를 받은 적이 있었기 때문이다. 그래서 그녀가 평소처럼 활기찬 목소리로 "오늘 아침은 기분이 어떠세요?"라고 묻자, 나는 침착하게 말했다.

"오늘이 내가 죽을 날인가 봐요."

그러자 그녀는 잠시도 망설이지 않고 말했다.

"괜찮아요!"

처음에는 몹시 화가 났다. 내 인생의 마지막이 다가왔다고 말했는데, 그녀는 별일 아닌 듯 대수롭지 않게 넘겼으니 말이다. 하지만 곰곰이 생각해보니, 어쩌면 그녀 말이 맞는 것 같았다.

이 일 역시 삶의 큰 틀 속에 포함된 일부일지 모른다. 내가 50년 전에 심은 호두나무처럼 말이다. 그 나무는 사방에 열매를 흩뿌릴 정도로 무성하게 자랐지만, 이제는 나처럼 시들고 약해져서 머지않아 죽을 것이다. 그러면 언젠가는 다른 나무, 어쩌면 호두나무도 아닌 다른 생명이 그 자리를 채울 것이다. 하지만 그 나무 역시 변함없이 정원 입구에서 우리 집에 오는 사람들을 맞이할 것이다.

어쨌든 총리가 느닷없이 돌발적인 결정을 내리지 않는 한, 내 죽음이 공휴일로 지정되는 일은 없을 것이다. 내 아이들과 친구 한두 명을 제외하고는 아무도 내 죽음을 오래 이야기하지 않을 것이다. 신문에 부고 한 줄이 실리겠지만, 삶은 계속될 것이다.

처음에는 내가 이 세상에서 없어져도 모든 것이 예전과 다를 바 없을 거라는 생각에 꽤 서글펐다. 하지만 지금은 확신에 찬 스토아주의자로서 그것이 자연의 이치라고 생각한다. 우리가 살면서 겪는 중요한 사건들은 결국 삶의 큰 틀에 의해 정해진다. 다만 그 사건들에 어떻게 반응할 것인지는 오직 우리에게 달렸다. 그 선택은 우리의 성격을 드러내고, 동시에 우리의 성격을 만들어간다.

그렇다면 나는 '죽음'이라는 이 새로운 사건에 어떻게 반응해야 할까? 햄릿처럼 나도 준비가 가장 중요하다고 생각한다. 햄릿은 자신의 죽음을 앞두고 이렇게 말했다.

"지금이 아니더라도 언젠가는 죽음이 올 것이다. 할 수 있는 것은 준비뿐이다."

나도 이제 준비가 된 것 같다. 내가 해야 할 일은 다 마쳤다. 해가 되는 일보다는 좋은 일을 더 많이 했기를 바란다. 인생의 대부분을 즐겁게 지냈다. 사랑하는 이들과 작별 인사도 했다. 가장 좋아하는 풍경에게 작별을 고했고, 마지막으로 가장 좋아하는 와인을 한 모금 맛봤다. 그리고 지금은 침대에 누워 조용히 그때를 기다리고 있다.

만약 이 이야기가 너무 우울하게 들린다면 말해두고 싶다. 심장마비가 올 줄 알았던 그날 이후, 나는 내 삶을 돌아보며 사랑했던 모든 사람과 물건에 작별 인사하는 그 과정이 매우 평화롭고 솔직히 즐거웠다. 아무튼 피할 수 없는 것을 받아들이면 훨씬 편안해진다. 무엇보다 죽음이란 더 이상 책임질 일이 없다는 뜻이다. 걱정할 것이 없다. 심지어 대출금 상환조차 걱정할 필요가 없다. 그건 이제 다른 누군가의 몫이다. 나는 지금 있는 곳에서 그리 멀지 않은, 내가 가장 사랑하는 노픽 시골의 땅속에 묻힐 것이다.

모든 것은 언젠가 끝나기 마련이다. 호두나무도, 좋은 일도, 나쁜 일도, 내 아내도, 다른 사람들도 모두 마찬가지다. 나에 관해 남는 것이라고는 어딘가에 실린 추모 기사와 몇 장의 사진, 그리고 몇몇 사람들의 추억뿐일 것이다. 호두나무는 열매라도 남긴다. 나는 은 조각 몇 개와 몇 가지 생각만 남길 것 같다.

이제 작별을 고한다. 당신에게 주어진 시간, 모든 것이 끝나가는 그 특별한 시간을 마음껏 누리길 바란다.

감사의 말

두서없는 내 이야기에 각자의 방식으로 생생한 경험과 통찰을 보태어 글에 온기를 불어넣어준 모든 이에게 감사드린다.

무엇보다 내 삶을 차분히 정리하고 스스로를 되돌아볼 공간을 마련해준 내 두 아이, 케이트와 스콧에게 고마움을 전한다. 격월간지 《아이들러》의 톰 호지킨슨, 오랜 기간 함께 일한 발행인 나이젤 윌콕슨, 장황한 내 이야기를 다듬어 말 그대로 텍스트의 형태로 옮겨준 레베카·호프·캐서린, 소중한 간병인 마크와 마지, 내 오랜 친구 마샤에게도 감사를 전한다.

이 책에 관한 참고 사항

저자 찰스 핸디는 2019년 뇌졸중을 겪었다. 놀라울 만큼 빠른 회복을 보였지만, 예전처럼 민첩하게 움직이거나 글을 직접 타이핑하는 일은 쉽지 않았다. 그래서 이 책의 경우에는 구술을 한 뒤 녹음을 다시 들어보고 의견을 덧붙이는 방식을 선택했다. 그렇기에 저자의 오랜 독자라면 이런 저술 방식으로 인해 일부 문장이나 마무리가 다소 미흡하다고 느낄지 모른다. 그럼에도 저자가 제시하는 아이디어가 흥미롭고 신선하다는 점은 변함이 없다. 이 책은 마지막 순간까지 활기와 호기심을 잃지 않았던 인물이 남긴 결실이다.

찰스 핸디 Charles Handy (1932-2024)

세계 최고의 경영사상가로 필립 코틀러, 톰 피터스와 함께 '경영사상가 명예의 전당'에 이름을 올렸으며, 피터 드러커로부터 "천재적인 통찰력으로 학문적인 개념을 현실에 대입해 구현한 사람"이라는 찬사를 받은 바 있다. 옥스퍼드대학교 졸업 후 다국적 석유회사 셸에 입사해 임원을 지냈으며, MIT 슬론 경영대학원 펠로우를 거쳐 런던경영대학원에 MBA과정을 설립했다. 이후 영국의 싱크탱크 역할을 하는 세인트조지하우스 소장과 왕립예술학회 회장을 역임했다.

《아흔에 바라본 삶》은 2024년 12월 생을 마감한 찰스 핸디가 뇌졸중으로 투병하던 중 병상에서 남긴 유작으로, 죽음을 앞두고 차분히 자신의 인생을 돌아보며 써내려간 단상들을 담고 있다. 마지막 순간까지 삶에 대한 열정과 지적 호기심을 잃지 않고, 충만하고 만족스러운 삶을 살아낸 그는 이 책을 통해 누구나 품고 있는 인생에 관한 근원적인 질문들에 유쾌하고도 깊이 있는 답을 건넨다. 나이 듦을 두려움이 아닌 축복으로 받아들인 대가의 메시지는 현대를 살아가는 우리 모두에게 귀중한 지침이 되어줄 것이다.

오랫동안 경영인적자원을 연구해온 공로를 인정받아 2000년 영국 훈장OBE을 수상했다. 《하버드 비즈니스 리뷰》에서 가장 훌륭한 논문을 쓴 저자에게 수여하는 맥킨지상을 2회 수상했으며, 《텅 빈 레인코트》로 '올해의 경제평론가 상'을 수상했다. 《포춘》과 《비즈니스 위크》에서 '올해의 10대 경영서'로 선정된 《비이성의 시대》를 비롯해 《포트폴리오 인생》《삶이 던지는 질문은 언제나 같다》까지, 그의 책은 전 세계적으로 200만 부 이상 판매되었다.

옮긴이 정미화

이화여자대학교 철학과를 졸업했다. 글밥 아카데미 수료 후 현재 바른번역 소속 번역가로 활동하고 있다. 옮긴 책으로 《나는 내 삶도 소중한 엄마입니다》, 《철학의 역사》, 《자유론 새번역》, 《가장 중요한 생각만 남기는 기술》, 《5초의 법칙》, 《최강의 식물식》 등이 있다.

아흔에 바라본 삶
시대의 지성 찰스 핸디가 말하는 후회 없는 삶에 대하여

초판 1쇄	2025년 12월 10일
지은이	찰스 핸디
옮긴이	정미화
발행인	문태진
본부장	서금선
책임편집	이예림　　**편집 1팀** 한성수 송현경
기획편집팀	임은선 임선아 허문선 최지인 이준환 송은하 김광연 이은지 김수현 원지연
마케팅팀	김동준 이재성 박병국 문무현 김은지 이지현 전지혜 조용환 김화정 천윤정
저작권팀	정선주
디자인팀	김현철 강재준
경영지원팀	노강희 윤현성 정헌준 조샘 이지연 조희연 김기현
강연팀	장진항 조은빛 신유리 김수연 송해인
펴낸곳	㈜인플루엔셜
출판신고	2012년 5월 18일 제300-2012-1043호
주소	(06619) 서울특별시 서초구 서초대로 398 BnK디지털타워 11층
전화	02)720-1034(기획편집)　02)720-1024(마케팅)　02)720-1042(강연섭외)
팩스	02)720-1043
전자우편	books@influential.co.kr
홈페이지	www.influential.co.kr

한국어판 출판권 ⓒ ㈜인플루엔셜, 2025

ISBN 979-11-6834-340-5 (03100)

- 이 책은 저작권법에 따라 보호받는 저작물이므로 무단 전재와 무단 복제를 금하며, 이 책 내용의 전부 또는 일부를 이용하려면 반드시 저작권자와 ㈜인플루엔셜의 서면 동의를 받아야 합니다.
- 잘못된 책은 구입처에서 바꿔 드립니다.
- 책값은 뒤표지에 있습니다.
- ㈜인플루엔셜은 세상에 영향력 있는 지혜를 전달하고자 합니다. 참신한 아이디어와 원고가 있으신 분은 연락처와 함께 letter@influential.co.kr로 보내주세요. 지혜를 더하는 일에 함께하겠습니다.